宋海军◎著

探索与前行

· 在追求艺术家型美术教师的路上 ·

文汇出版社

静待花开（代序）

最早认识小宋老师是在2006年，记得我当时是受南汇一所学校的美术特色班之邀作为教学指导，而当时的小宋正在教室里全神贯注地为学生做素描人像的示范。他的素描人物塑造结实而厚重，形体把握整体而精准，灵动的线条极富艺术感染力……这不仅吸引了围观在他身后一排排学生专注的目光，也引起了我的注意。后了解才知道，他是那年我们上海作为人才引进的青年教师。不久，我又多次在上海市美术家协会主办的画展上，看到他的油画作品，不由得让我叹为观止，这位来自素有人杰地灵之称的皖南的小伙子，不仅能画一手好素描，油画创作的水准也非常了得。之后，我和小宋老师的接触多了起来，一起喝茶、聊天，谈论艺术。近年来，不仅他的绘画创作日趋成熟，而且创作形式、载体都丰富、多变，尤其是今年，他的一幅油画和一幅综合材料作品双双入选第十二届上海美术大展，引起上海美术界的高度评价。不仅如此，更值得赞叹的是在全市公开课的讲台上，他以自己的艺术创作经验为内容，用"主题性美术作品创作的构图"为课题，为学生上了一堂别开生面的美术创作实验课，在上海美术教育界起了很好的表率作用。他将自己鲜活的艺术创作成果成功地转化为美术教育课堂上的教学资源，他是一位艺术家型的美术教师。

所谓艺术家型的美术教师，通常是指具有丰富的艺术经验和创造力，能够激发学生的想象力和创意，他们可以采取独特的教学方法，鼓励学生自由表达，并探索不同的艺术风格和媒介，帮助学生在艺术活动中找到自己的创意和风格。那么，成为一名艺术家型的美术教师的意义又何在呢？

首先，艺术家型的美术教师在美术教学中能起到示范和榜样的作用。从我们进入师范院校的第一天起就深知，为师者：答疑解惑；师者：给学生一碗水，自己要有一缸水。教师就必须具备良好的学科本体专业知识和技能，能够向学生展示艺术技巧和创作过程，成为他们的艺术榜样，激励他们的探索与实践。

其次，艺术家型美术教师的艺术创作成果，可以丰富美术教育的教学资源，其作品可以作为丰富而生动的教学资源，为学生提供实实在在（而非隔靴搔痒）的实践指导和艺术启发，帮助他们理解艺术原理和技能。

最后，艺术家型的美术教师可以激发学生对艺术活动的兴趣。可以向学生展现精彩纷呈的艺术作品，可以展示自信、潇洒的艺术家气质，可以引导他们像艺术家一样去思考、去创作，可以为其教学工作增添更多的魅力和影响力。

《探索与前行——在追求艺术家型美术教师的路上》一书，为美术教育领域的一股清流。在这本书中，作者分别从追求定位、专业自我成长、校本美术表现基础课程（速写进阶学习）开发实践、学生的美术表现与创意实践以及美术教师在学校主题活动中的共融共通等方面，深入探讨了成为一名艺术家型美术教师的意义和挑战，通过对教学实践的深入剖析和思考。作者不仅展现了对艺术教育事业的深厚热爱，更向读者展示了追求卓越的勇气和决心，本书不仅仅是一本专著，更是一次激励人心的成长之旅。在教育舞台上，每一位教师都是一位艺术家，塑造着学生的心灵，开启着他们的艺术之路。

我衷心期待《探索与前行——在追求艺术家型美术教师的路上》这本书能够引领广大教育工作者在追求艺术教育卓越之路上不断探索、不断前行，为学生的成长和未来贡献自己的力量，也期待宋海军老师在追求艺术家型美术教师的路上不断地探索与前行，再创辉煌！

2024年2月19日

于上海浦东中金海棠

（本文作者系上海师范大学美术学院教授、美术教育系原系主任，中国美术家协会会员、上海市美术家协会会员、浦东新区美术家协会副主席）

前　言
追求艺术家型美术教师
——美术教育者的一种理想状态

当我们深入探讨美术教育的目的时，不禁会对其产生的长远影响与持续发展抱有更高的期待。2018年8月30日，习近平总书记在给中央美术学院八位老教授的回信中提到，"美术教育是美育的重要组成部分，对塑造美好心灵具有重要作用"，美术教育可谓是在时代美育背景下诠释着新的目的和意义，其根本任务就是：立德树人，以美育人，培养健康审美观念，陶冶高尚情操；认识文明成果，坚定文化自信，树立正确的文化观；激发想象力和创造力，培养创新精神，促进学生全面而有个性地发展。同时，帮助他们适应社会生活，为其接受高等教育、职业发展做准备。

为此，作为美术教师应充分发挥美术学科独特的育人功能，引导学生通过观察、感知、体验、思考、探究、创造和评价等具有美术学科特点的学习活动，形成美术学科核心素养，促进全面发展。而学科核心素养是学科育人价值的集中体现，是学生通过学科学习而逐步形成的正确价值观、必备品格和关键能力。普通高中美术学科以立德树人为根本任务，通过以美育人，引导学生以自主、合作、探究的方式参与美术学习，学会在现实生活情境中发现、提出和分析问题，综合运用美术学科及跨学科知识技能解决问题，增强社会责任感，形成高中生必备的图像识读、美术表现、审美判断、创意表现和文化理解等美术学科核心素养。

一、为何要追求艺术家型美术教师

有句话说得好，一个好校长就能够培养一所好学校，一个好教师、特长教师就能开发一门特色课程，引领一群教师的奋发进取，创设学科教学特色，构筑学校教育品牌，实现精彩的人生价值。高品质的美术教育取决于高素质的美术教师。高素质美术教师具备深厚的美术理论素养和丰富的实践经验，他们能够将中华优秀传统美术文化与现代美术理念相结合，传授给学生们。通过课堂教学、作品赏析和创作实践等方式，引导学生们领略美术的博大精深，培养他们对美术文化的热爱和尊重。同时，高素质美术教师还能够积极推动美术文化的创新与发展，为美术事业的繁荣做出贡献。

（一）培养学生综合素质

美术教育在培养学生综合素质方面具有独特优势。高素质美术教师注重挖掘学生的潜能，通过个性化的教学方式激发学生的兴趣和创造力。他们关注学生的全面发展，不仅在美术技能方面进行指导，还注重培养学生的观察能力、思维能力、创新能力以及合作精神等。在这个过程中，学生们不仅能够提升美术素养，还能够形成积极向上的价值观和人生观。

（二）推动美术教育创新

随着时代的发展，美术教育面临着新的挑战和机遇。高素质美术教师具备创新意识和探索精神，他们敢于尝试新的教学方法和手段，推动美术教育创新。他们关注美术教育的最新动态和趋势，积极引进先进的教育理念和技术手段，提升美术教育的质量和水平。同时，他们还能够与其他学科教师合作，开展跨学科教学活动，开阔美术教育的领域和视野。

（三）引领社会审美风尚

高素质美术教师作为美术领域的专业人士，他们的审美观念、创作风格和作品品质都对社会审美风尚产生着影响。他们通过举办画展、参与公共艺术项目等方式，将美术的魅力展现给公众，提升社会的审美水平。同时，他们还能够引导公众关注环境保护、文化传承等社会问题，通过美术的力量推动社会进步和发展。

综上可得，高素质美术教师的重要性体现在多个方面。他们不仅传承与发展美术文化，培养学生综合素质，还推动美术教育创新并引领社会审美风尚。因此，我们应该高度重视高素质美术教师的培养和发展，为美术教育的繁荣和社会的进步贡献力量。

美术教育不仅仅是一门学科的教学，它更是一种生活态度的培养、一种文化传承的方式。从长远影响来看，美术教育所培养的审美性、创造性与批判性思维将伴随学生一生。这些能力不仅会在学生的职业生涯中发挥作用，更会在他们的日常生活中显现出其价值。一个拥有高度审美能力的人，更可能在生活中发现美、欣赏美、创造美，从而提升自己的生活品质。而创造力和批判性思维则是应对未来社会复杂多变挑战的重要武器，它们能帮助学生不断适应、创新，甚至引领时代的发展。因此，有一类高素质的美术教师群体，他们不仅是教育者，更是艺术家——他们就是艺术家型美术教师。这类教师以自身深厚的艺术造诣和教育热情，为美术教育注入了新的活力和创意。

二、艺术家型美术教师具有怎样的特质

华东师范大学博士生导师钱初熹教授曾在2019年12月25日的上海市第四期双名工程美术学科"攻关计划"基地专家点评中讨论道：美术教师是一个怎样的形象？是艺术家吗？肯定不是，也有的教师说会画画就是一个好老师。肯定也不是。我们美术教师应该有一种最高的理想，就叫"艺术家型教师"。它是怎样一个标准呢？"艺术家型教师"就是有两层含义：一个是这名教师就是艺术家，他能够一直坚持艺术创作；还有一个含义是在教育教学方面的研究能力也是很卓越的。他们不仅具备深厚的艺术素养，更懂得如何将艺术之美传递给下一代，培养孩子们的艺术感知和创造力。那么，艺术家型美术教师究竟是怎样的呢？

（一）持续创作的艺术魅力

艺术家型美术教师首先以其独特的艺术魅力吸引人们的注意。他们具备高超的绘画技巧，能够创作出令人赞叹的艺术作品。在课堂上，他们运用丰富的艺术手法，将抽象的概念具象化，使学生们能够直观地感受到艺术的魅力。同时，他们还注重培养学生的审美能力，引导学生发现生活中的美，从而激发对艺术的兴趣。

（二）激发兴趣的教学方法

艺术家型美术教师深知兴趣是学习的最好动力。因此，他们在教学过程中注重激发学生的学习兴趣，使学生们能够主动参与到艺术学习中来。通过设计富有创意的课程内容，运用多样化的教学手段，如示范、讲解、实践等，让学生们充分感受到艺术的乐趣。此外，他们还积极组织各种艺术活动，如画展、艺术讲座等，为学生们提供展示自己才华的平台，培养他们的自信心和表达能力。

（三）唤起欲望的艺术追求

艺术家型美术教师不仅关注学生们的学习成果，更重视他们的艺术追求。他们鼓励学生们勇敢地表达自己的艺术想法，尝试不同的创作风格，从而激发他们的创作欲望。同时，他们还通过分享自己的艺术经历和经验，引导学生们树立正确的艺术观念，明确自己的艺术目标。在这个过程中，学生们不仅能够提高自己的艺术水平，还能够培养坚韧不拔、追求卓越的精神品质。

（四）付诸行动的实践与探索

艺术家型美术教师深知理论与实践相结合的重要性。他们鼓励学生将所学的艺术知识运用到实际创作中，通过不断实践来提升自己的艺术技能。同时，他们还积极引导学生进行艺术探索，鼓励他们尝试新的艺术形式和表现手法，以拓宽艺术视野，丰富创作内涵。在这个过程中，学生不仅能够积累宝贵的艺术经验，还能够培养自己的创新能力和解决问题的能力。

故此可见，艺术家型美术教师不同于传统的美术教育工作者。他们不仅在绘画、雕塑、设计等艺术领域有着精湛的技艺，更重要的是，他们能够将自身的艺术实践与教育理念相结合，创造出别具一格的教学方法。他们鼓励学生自由发挥，不拘泥于传统的艺术形式和规则，从而培养出更具有创新精神和实践能力的学生。除了教学上的创新，艺术家型美术教师还在课堂之外发挥着重要的影响力。他们经常参与各种艺术展览、交流活动，与社会上的艺术家、设计师等保持着紧密的联系。这些经历不仅丰富了他们的艺术视野，也为他们提供了将艺术教育与社会实践相结合的机会。

艺术家型美术教师的出现，是美术教育发展的一种必然趋势。在当今这个强调创新和个性化的时代，传统的美术教育方式已经难以满足学生的需求。而艺术家型美术教师则能够以更加开放、多元的视角，引导学生探索艺术的无限可能，激发他们的创造力和想象力。

然而，成为一位优秀的艺术家型美术教师并不容易。除了需要具备扎实的艺术功底和教育能力外，还需要有对教育的热爱和对学生的责任感。只有这样，才能真正将艺术与教育融为一体，培养出既有艺术素养又有创新精神的新一代学生。

三、如何才能成为一名艺术家型美术教师

瞿剑宛导师曾指出艺术家型美术教师的练就，其条件是：

一是个人要有理想追求，拥有教育梦想；

二是不懈的奋斗进取，远离尘嚣，静心教育；

三是不断反思，优化成长心路历程的策略；

四是领导专家的外界给力，搭建展示平台，高屋建瓴的引领。

高品质的美术教育取决于高素质的美术教师，而高素质美术教师的练就，除了外界持续有效的指导培养以外，主要还是来自教师自身的勤奋努力、探究学习和不懈追求。瞿老师一直致力于倡导"四支笔"能力与素养的培养，即一支"画笔"绘就美好世间，彰显美术专业特色；一支"粉笔"精彩美术课堂，聚焦美术教育阵地；一支"钢笔"写好美育精神，强化美术教育研究；一支"心笔"绽放教育光芒，践行教育真爱责任。"画笔""粉笔""钢笔"和"心笔"作为美术学科教师的核心素养，其呈现出美术教育工作的特质，也是美术教师必备的知识、能力和情感，同样也是艺术家型美术教师的底色和路径。随着科技的突飞猛进，还要一支"芯笔"来与时俱进、探索未来。

要成为一名艺术家型美术教师，需要具备深厚的艺术素养和教育能力，同时保持对艺术的热情和创新的精神。

（一）专业素养

首先，需要打下坚实的艺术基础。这包括学习并掌握各种绘画技巧、理论知识和艺术史知识。持续学习艺术教育、美术教育或相关的专业知识，通过系统学习来提升自己的艺术素养；其次，培养自己的创作能力至关重要。艺术家型美术教师不仅要会教，更要会画。需要通过不断的创作实践，探索自己的艺术风格和表达方式。这不仅可以提升艺术创作专业水平，也可以为教学提供丰富的素材和案例。除此之外，艺术是一个不断发展和变化的领域，需要保持敏锐的洞察力，关注最新的艺术动态和趋势，不断更新自己的知识和技能。

（二）教育能力

艺术教育当随时代发展，要有自己的教学风格和思路。要有敏感的教育

灵魂，善于用育人的思想、哲学的思维、智慧的眼光、专业的判断和科学的方法去及时捕捉在时代中涌现出美的案例，将其融入美术教学中，让美术教育具有时代性、丰富性、鲜活性、生成性、深刻性和教育性。此外，要与学生充分互动，激发学生的学习兴趣和创造力。要用生动形象的语言来讲解教材内容，传授技能，"以术塑形，以形承美，以美载德，以德育人"，要充分吸引学生的注意力，保持教学的"同频共振"。

结语

艺术家型美术教师其实是美术教育者的一种理想状态，但并不是唯一的标准。在美术教育中，教师的角色是多方面的，包括引导学生发现美、理解美、创造美，传授绘画、雕塑等技能，以及培养学生的审美观念、文化传承和创造力等。总的来说，艺术家型美术教师是美术教育新篇章的引领者。他们以自身的艺术实践和教育智慧，为美术教育注入了新的活力和创意。在未来的日子里，我们共同期待更多的艺术家型美术教师涌现出来，共同推动美术教育的发展与进步。

笔者旨在以上海市香山中学这一美术特色学校为背景，从自身在一线教学的成长角度出发，围绕教师专业自我追求、基础美术表现校本课程开发、学生像艺术家一样创作的美术表现实践案例和教师在学校美育系列主题性活动中的共融共通几个板块进行探索，通过大量实践案例来呈现对学生美术素养的提升；同时也围绕美术教师在新时代美育中如何担当以美育人之责、肩负立德树人使命进行实践探究。以"认知—表现—实践"为一体的体验式教育为重点，结合时代精神创设了多种主题性创作，为美术特色高中内涵发展和教师专业成长提供一些可借鉴可推广的实践案例。

最后，让我们守正而创新。走进传统文化，汲取其精气神，与智慧对话，与责任对话、与创新对话，争做一名有时代精神的"艺术家型美术教师"。

宋海军

2024年2月9日

目录
contents

第一章

艺术家型美术教师的内涵和意义

引言

　　在当今社会，教育不仅仅是传授知识，更是肩负着为党育人、为国育才的神圣使命，培养学生全面发展和个性成长的过程。随着教育变革的不断发展和深化，艺术教育的重要性不言而喻。在艺术教育的广阔天地中，美术教师作为艺术教育的重要角色，以其独特的魅力，点燃了学生们的创造力和想象力。特别是那些具备艺术家气质的美术教师，他们不仅是知识的传授者，更是灵魂的引导者，其艺术素养和教学方法直接影响着学生的艺术修养和创造力。

　　艺术家型的美术教师，以其独特的艺术视角和创新的教学方法，成为推动美术教育发展的关键力量。因此，追求成为艺术家型的美术教师，不仅是对个人艺术追求的体现，更是对学生负责的表现。

第一节
艺术家型美术教师的特质

一、艺术家的特质和技能

艺术家，是一个充满神秘与浪漫的职业，他们以独特的视角和细腻的情感，为我们呈现出一个五彩斑斓的世界。那么，这些艺术大师究竟拥有怎样的特质和技能，使得他们能在芸芸众生中脱颖而出，成为令人瞩目的焦点呢？

我们说艺术家通常具备创造力、想象力、观察力、批判性思维等特质。他们善于从生活中发现美，用独特的视角表现世界。在艺术创作中，艺术家不仅需要掌握专业技能，还须具备跨学科的知识储备和持续学习的能力。因此需要有以下具体特质：

1.敏锐的感受力。艺术家需要有敏锐的感受力，他们如同猎豹般捕捉着生活中的点滴美好。在他们眼中，世界不再是单调乏味的，而是充满色彩与活力的。这种感受力使得他们能够将平凡的事物转化为令人惊叹的艺术作品，让我们重新审视并发现生活中的美。能够深入理解并感受事物的内在美，以及通过自己的生活感悟来渲染作品的情感表达。

2.丰富的情感。丰富的情感是艺术家的灵魂，也是他们作品中最能打动人心的部分。他们经历着人生的喜怒哀乐，将这些情感融入自己的创作中，使得作品具有了生命力和感染力。当我们欣赏这些作品时，仿佛能够感受到艺术家内心的波澜壮阔，与他们产生强烈的情感共鸣。每一个艺术作品都是艺术家的情感输出，情感的共鸣才能打动人心。艺术家需要有异于常人的丰富情感，才能在作品中表达出深刻的情感内涵。

3.独特的创作个性。独特的创作个性是艺术家的标签，也是他们在艺术领域中的立足之本。每个艺术家都有自己独特的审美趣味和艺术才能，这使得他们的作品具有鲜明的个人风格和辨识度。当我们提及某位艺术家时，往往会想到他们那些具有代表性的作品和独特的艺术特点。艺术家的创作个性是他们在创作实践中逐渐形成的艺术特点，是他们审美趣味和艺术才能的综合体现。这种个性使得艺术家的作品具有独特的辨识度和风格。

4.创新意识。创新意识则是艺术家不断前进的动力源泉。他们敢于挑战传统，勇于突破自我，不断尝试新的艺术形式和观念。这种创新意识使得艺术家能够在艺术领域中保持领先地位，引领潮流的发展，为我们带来更多的惊喜和可能性。艺术家需要具有先于常人的创新意识，能够不断挑战和突破传统的艺术形式和观念，创造出新的艺术风格和理念。

5.渊博的学识和文化修养。渊博的学识和文化修养是艺术家创作的内涵源泉，艺术家不仅需要具备专业的艺术技能，还需要有广泛的知识储备，包括哲学、历史学、美学、文学、伦理学、心理学、社会学等知识，以提高自己的创作境界和艺术表现力。

艺术家除了以上特质，还需要具备熟练的艺术技能和强大的想象力。他们通过长期的学习和实践，掌握了一门或多门艺术技能，为创作提供了坚实的基础。具体如下：

1.熟练的艺术技能。艺术家需要熟练掌握一门或多门艺术技能，包括绘画、音乐、舞蹈、戏剧等，这是他们进行艺术创作的基础。

2.强大的想象力。想象力是艺术家在创作中不可或缺的能力，它可以帮助艺术家在已有形象的基础上创造出新的艺术形象，为作品赋予更深的内涵。想象力是艺术家在创作过程中最宝贵的财富，帮助他们创造出新颖独特的艺术形象和内涵深刻的作品。

3.卓越的创造能力。艺术创作是一个创造的过程，艺术家需要通过自己的学习和实践，创造出新的艺术作品或艺术理念，为艺术领域带来新的贡献。

例如文森特·凡·高：凡·高是一位杰出的后印象派画家，他的作品充满创造力，运用独特的笔触和色彩表现自然与人物。他的画作如《向日葵》《星空》等，都体现了他对艺术的热情和独特的审美追求。凡·高的艺术家特质表现在他对艺术的执着追求，以及作品中呈现出的独特风格和情感表达。

巴勃罗·毕加索：毕加索是20世纪最具影响力的艺术家之一，他的作品以立体主义风格著称。他通过分解和重组形象，创造出独特的视觉效果。毕加索的艺术家特质表现在他勇于突破传统，不断创新的精神，以及作品中展现出的对形式和空间的独特理解。

弗里达·卡洛：卡洛是一位墨西哥艺术家，她的作品以强烈的个人风格和情感表达而著称。她的画作常常描绘自己的经历和感受，通过自画像、象征和隐喻等手法，表达内心的痛苦和挣扎。卡洛的艺术家特质表现在她对自我表达和情感宣泄的强烈渴望，以及作品中呈现出的深刻而独特的内涵。

这些艺术家都以他们独特的创造力、风格和情感表达，成为艺术史上的杰出代表，展现了艺术家特质的魅力。他们的作品不仅让人感受到美的力量，也启发了人们对生活和世界的思考。

综上，这些特质和技能便共同构成了艺术家独特的艺术魅力和创作能力，使得他们能够在艺术领域中脱颖而出，创作出令人惊叹的作品，让我们的生活变得更加丰富多彩。他们以自己的方式诠释世界，用作品表达着内心的情感和追求。

二、美术教师的专业素养

美术教师，这个充满艺术气息的职业，不仅要求从业者有深厚的艺术造诣，更需要他们具备多方面的专业素养。这些素养就如同一块块坚实的基石，共同构筑起美术教育的辉煌殿堂。美术教师的专业素养涵盖多个方面，这些素养对于提高教学质量、培养学生的艺术素养和审美能力至关重要。这也是由美术教育的属性所决定的。

美术教育的属性主要体现在以下五个方面：

1.审美性：美术教育是审美教育的重要组成部分，它通过引导学生欣赏美术作品、创作美术作品等活动，培养学生的审美情趣和审美能力，使学生能够更好地感受和理解生活中的美。

2.创造性：美术教育注重培养学生的创造力和想象力。在美术教育中，学生通过创作美术作品来表达自己的思想和情感，这种创作过程需要学生发挥想象力和创造力，从而培养学生的创新意识和创新能力。

3.实践性：美术教育是一种实践性很强的教育形式。在美术教育中，学生需要通过动手实践来掌握美术技能和技巧，这种实践性教学有助于学生更好地理解和掌握美术知识，同时也能够培养学生的实践能力和动手能力。

4.人文性：美术教育具有很强的人文性。美术作品往往蕴含着丰富的历史、文化和社会背景，通过美术教育，学生可以更好地了解和传承本民族的文化传统，同时也能够培养学生的人文素养和文化修养。

5.教育性：美术教育作为教育体系的一部分，具有明确的教育目标和教育任务。它通过美术知识和技能的教学，以及美术作品的欣赏和创作等活动，来培养学生的审美情趣、创造力、实践能力等多方面的素质，从而实现教育的育人目标。

美术教育的这些属性共同构成了美术教育的独特魅力和价值，也从根本上决定了美术教师应该具备的专业素养。

首先，美术教师应该具备扎实的美术专业知识和精湛的技能。这是他们行走在艺术殿堂的坚实脚步，也是他们引导学生探索艺术世界的强大引擎。无论是绘画、雕塑还是设计，他们都需要深入掌握其理论知识和实践经验，以便能够准确、生动地传授给学生，激发他们的艺术热情。然而，仅有专业技能并不足以支撑起美术教师的全部职责，包括绘画、雕塑、设计等领域的理论知识和实践经验。只有具备足够的专业素养，教师才能准确地向学生传授美术知识，指导他们进行艺术创作。

其次，美术教师需要具备广博的文化修养和敏锐的审美能力。艺术与文化紧密相连，是文化的载体，是历史的见证，是哲学的思考。美术教师需要具备丰富的文学、历史学、哲学等知识，以便更好地引导学生透过艺术作品的表面，去探寻其背后的文化内涵，去理解其所传递的历史信息和哲学思考。同时，敏锐的审美能力可以帮助教师发现学生的艺术天赋，指导他们提升艺术水平，引导他们走向更高的艺术境界。

此外，在现代社会变革中，科技手段的运用也为美术教育带来了新的可能性。美术教师应掌握现代教育技术，如多媒体教学等，以丰富教学手段，提高学生的学习兴趣和参与度。这些技术工具的运用，让课堂教学变得更加生动有趣，让学生在轻松愉悦的氛围中感受到艺术的魅力。

另外，良好的组织能力和沟通能力也是美术教师不可或缺的素养。他们需要有效地组织课堂教学，确保每位学生都能获得充分的学习机会；同时，他们还需要与学生、家长、同事等进行有效的沟通，以形成良好的教学氛围和合作关系。这些能力如同润滑剂般，让美术教育的机器运转得更加顺畅高效。

最后，美术教师还需要具备独立思考和创新能力。艺术教育是一个充满创造力和想象力的领域，美术教师需要不断探索新的教学方法和理念，以适应不断变化的教育环境和学生需求。他们需要勇敢地打破传统的束缚，以创新的精神去引领学生在艺术世界里自由翱翔。

综上所述，美术教师的专业素养涵盖了多个方面，包括专业知识与技能、文化修养与审美能力、现代教育技术掌握、组织能力与沟通能力以及独立思考与创新能力等多个方面，这些素养相互交织、相互支撑，这些素养共同构成了美术教师专业发展的基石、共同构筑起美术教育的辉煌殿堂。在这个殿堂里，美术教师以他们的专业素养为基石，以他们的热情和创新为动力，引领一代又一代的学生在艺术的道路上不断前行、探索和创新。

三、艺术家型美术教师的特质

艺术家型的美术教师，不仅拥有扎实的美术功底，更有着丰富的艺术情感和敏锐的洞察力。他们善于引导学生发现生活中的美，鼓励学生勇敢地表达自我，激发学生的创造力。他们的课堂不仅是学习的地方，更是艺术的殿堂。

艺术家型美术教师的特点主要表现在以下五个方面：

1.强烈的艺术热情与创造力：艺术家型美术教师通常对艺术有着深厚的热爱和执着的追求。他们不仅在个人艺术实践中表现出极高的创造力，还将这份热情带入课堂，激发学生的艺术灵感和想象力。他们鼓励学生从实践中摸索尝试不同的材料和技法，让学生在摸索中找到属于自己的艺术语言。

2.独特的教学风格：艺术家型美术教师的教学方式往往独具一格，具有鲜明的教学风格，他们不拘泥于传统的教学方法，而是根据学生的特点和兴趣，灵活运用各种教学手段和资源，营造出充满创意和活力的课堂氛围。

3.注重学生的个体差异：艺术家型美术教师深知每个学生都是独一无二的个体，他们尊重并关注学生的个体差异，鼓励学生发展自己的艺术风格和表达方式。在教学过程中，他们善于发现并挖掘学生的潜能，帮助学生找到自己的艺术定位。

4.强调实践与反思：艺术家型美术教师非常注重学生的实践操作和反思能力。他们鼓励学生大胆尝试不同的艺术材料和技法，通过实践来提升自己的艺术技能。同时，他们还引导学生对自己的作品进行反思和评价，培养学生的批判性思维和自主学习能力。

5.良好的师生互动与沟通：艺术家型美术教师善于与学生建立良好的师生关系，他们在课堂上积极与学生互动，认真倾听学生的想法和意见。通过有效的沟通，他们能够更好地了解学生的需求，为学生提供更有针对性的指导和帮助。

中国著名的艺术家型美术教师有很多，他们不仅在艺术创作上有着卓越的成就，同时也在美术教育领域做出了杰出的贡献。如徐悲鸿、齐白石、林风眠、吴冠中等等，他们都是中国现代美术事业的奠基者，杰出的画家和美术教育家，都致力于美术创作和推动民族文化守正创新的大胆探索，为中国的美术教育事业做出了巨大贡献。

以林风眠先生为例，林风眠是中国近现代的著名艺术家和美术教育家，他出生于1900年，广东梅县人，本名绍琼、剑生，后易名凤鸣，又名凤眠。林风眠在艺术领域有着深厚的造诣和卓越的贡献。林风眠的艺术风格独特，他在方形画幅中擅长图案构成，既爱方圆，也爱锐利，他用心地将所有画面元素服从背后完满的几何秩序。在色彩运用上，他强调黑白对比，色彩多样统一，既华丽浓郁，又厚实平淡，一派天真明净，拥有非凡的驾驭能力。他经常墨彩交融，墨彩齐下，形成墨中叠彩，彩中叠墨的效果，给人不一样的感觉。他的主要绘画作品有《鹭》《柏林之醉》《暴风雨后》《摸索》等，这些作品都体现了他独特的艺术风格和深厚的艺术功底。此外，他的著作《中国绘画新论》和《林风眠画集》等也在美术界产生了深远的影响。

作为美术教育家，林风眠曾任国立北平艺术专科学校校长、教务长、西画系主任，全国艺术教育委员会主任委员，以及国立艺术专科学校主任委员等职务，他在美术教育领域的贡献也是不可忽视的。他致力于培养新一代的艺术家，他的学生遍布全国各地，其中不乏在艺术领域取得显著成就的人。总的来说，林风眠是中国艺术史上的一位重要人物，他的艺术成就和教育贡献对中国艺术的发展产生了深远的影响。

这些艺术家型美术教师不仅在艺术创作上取得了卓越的成就，同时也为中国的美术教育事业做出了杰出的贡献。他们的教育理念和实践经验对于今天的美术教育仍然具有重要的借鉴意义。也许以上列举的艺术家并不完全符合"美术教师"的定义，因为他们的主要成就可能更多地在艺术创作方面。然而，他们都曾在教育机构任教或从事美术教育工作，对美术教育产生了深远的影响。因此，将他们称为"艺术家型美术教师"也是合理的。当然，中国还有许多其他优秀的艺术家型美术教师，他们的贡献同样值得肯定和尊重。

艺术家型美术教师的影响力是深远的。他们不仅教授学生美术知识，更培养了学生的审美情趣和人文素养。他们的课堂不仅是艺术的聚集地，更是文化的交流平台。他们的学生不仅在美术方面取得了显著的进步，更在人格塑造和价值观方面得到了提升。

在我们上海当下就不乏这些艺术家型美术教师，如赵牧是上海著名的艺术家型美术教师。他1959年生于上海，1987年毕业于上海师范大学美术系油画专业，并留校任教。为上海师范大学美术学院教授，同时是中国美术家协会会员和上海市美术家协会会员。

赵牧擅长油画创作，并在此领域取得了显著的成就。他的作品不仅被国际奥林匹克博物馆、中国奥委会、上海美术馆、上海历史博物馆等重要机构收藏，还多次入选各类美术展览并获奖。他的油画作品《击剑者》《怪圈》《金元时代》等都在全国性的美术作品展中展出，受到了广泛的关注和好评。作为一位艺术家型美术教师，赵牧不仅注重个人艺术创作的发展，还致力于美术教育和人才培养。他在上海师范大学美术学院任教多年，并担任美术教育系主任一职，用自己的艺术实践和教学经验指导学生，激发他们的创造力和艺术潜能。他的教学风格和教育理念深受学生的喜爱和尊重。赵牧是一位在上海地区具有广泛影响力的艺术家型美术教师，他的艺术成就和教育贡献都为上海美术教育的发展做出了重要贡献。

张家素也是上海著名的艺术家型美术教师。他出生于1948年9月，是上海市的美术特级教师，教育部国培计划美术学科专家，上海市教师学研究会美术专业委员会主任。原上海市双名工程美术名师培养基地主持人、导师。上海市闵行区教育学院"张家素艺术教育研究中心"主持人、导师。华东师大艺术研究中心研究员，上海市闵行区美术家协会顾问，上海市美术家协会会员。曾获全国五一劳动奖章，上海市劳动模范，教育部曾宪梓师范教师奖，胡楚楠杰出教师奖，闵行区拔尖人才、闵行区人民教师金质奖等称号。张家素老师担任上海市闵行区美术教研员43年，坚持以美育人的教育宗旨，以"三支笔"为途径为闵行区打造了一支师德高尚、专业精湛的美术教师队伍，自2005年至2017年先后担任上海市双名工程第一、二、三期美术名师培养基地主持人、导师；上海市第一、二、三期新农村美术骨干教师培训班导师，也为全市各区县培养了一大批美术骨干教师。有力地推进了美术学科的改革和发展。张家素老师早在1997年就为上海市闵行区教育学院附中创建了美术教育特色，在闵行区组建了同类学校的美术特色教育共同体。20多年来亲自执教，培养了数千名学生考进全国美术高等院校。并带领闵行区美术教师团队进行美术高考教学改进研究，探索美术高考育人的途径和方法。先后撰写了《少年绘画跟我学》《追求卓越的美术教育生涯》《基于美术课堂教学的教师成长足迹》《小幅油画写生》等专著20余本，在《中国美术教育》《上海教育》《美术报》《基础教育》等报纸杂志发表美术教学论文50余篇。张家素老师是一名优秀的美术教师，也是一名画家。他以自己的美术作品树立在学生心目中的艺术家形象，经常带领师生外出写生，收集素材，引导学员师造化，鼓励教师结合教学需要进行美术创作。他自己也从繁忙的教学任务中挤出时间创作。特别在教育援藏和教育援滇期间积累了大量写生作品，并运用于美术教学中，得到西藏、云南等地教育行政部门和美术教育同行的高度评价。他的艺术成就和教育贡献都为上海美术教育的发展树立了典范。

当然，谈到艺术家型美术教师不得不提我的名师基地导师瞿剑宛。瞿剑宛不仅是上海市的特级教师、正高级教师、市优秀教研员、上海市美术名师培养基地主持人，还是中国美术家协会会员和上海美术家协会会员。他长期致力于中小学美术学科教育教学实践与研究指导工作，积极探索美术高端教师培养的新思想、新思路，确立了"致美润心"的美术教育理念，倡导"一日美育人，一世教育情"的教育思想，提出"以术塑形，以形载美，以美载德，以德育人"的教学策略，并以"艺术家型的美术教师"为理想追求，让自己成为一位善于艺术创作、善于教学实践、善于学科教学研究、善于指导教师专业发展、善于扶持基层学校创建美术特色品牌、善于开展特色教研与促进区域美术学科内涵发展的新时代美术学科教研员。出版《三家分晋》等连环画3本，出版《中小学速写教学研究》《笔尖上的艺术育人》等美术教育专著10本。2009年在上海师范大学美术学院举办"瞿剑宛速写作品展暨教学研讨活动"，被著名画家刘旦宅先生誉为"美术教研的拓荒者"。瞿剑宛老师不仅擅长艺术创作，还善于教学实践、学科研究以及指导教师专业发展。他的专业特长是速写，每日坚持速写不离手，练就了扎实的造型能力和对艺术的概括、提炼能力。他的作品风格独特，守正而不泥古，在艺术形式上夸张又不失形象生动，展现了深厚的传统文化底蕴。

总的来说，瞿剑宛老师是上海地区著名的艺术家型美术教师，他的教育理念和实践成果在美术教育界具有广泛的影响力。

上海还有很多其他优秀的艺术家型美术教师，如上海中学的傅钢老师、七宝中学的李新华老师，还有建平世纪中学的张福利老师，等等，在此不一一列举和展开。

艺术家型的美术教师，他们用自己的热情和才华，点亮了学生的艺术之路。他们的存在，不仅让美术课堂变得更加生动有趣，更让每一个学生都有机会成为创造美的使者。他们是真正的艺术家和教育家，值得我们每一个人尊敬和感谢。

第二节
艺术家型美术教师的作用

随着教育改革的不断深入，艺术家型美术教师的作用将更加凸显。他们将以更加开放的心态和创新的教学方式，引领学生走进艺术的殿堂，感受艺术的力量。同时，他们也将不断提升自己的艺术修养和教育能力，为培养更多具有创新精神和实践能力的优秀人才贡献自己的力量。

艺术家型的美术教师以其独特的魅力和影响力，成为教育事业中不可或缺的一部分。他们用艺术点亮了学生的心灵，用热情激发了学生的创造力。在他们的引导下，我们相信每一个学生都能成为创造美的使者，为未来的世界增添更多的色彩和活力。

一、美术教育的作用

蔡元培先生曾提出了"以美育代宗教"的著名美学观念。在当今多元化的教育体系中，美术教育占据着不可或缺的地位。美术教育具有审美性、创造性、实践性、人文性和教育性等多重属性，这些属性共同构成了美术教育的独特魅力和价值。它不仅仅是一种技能的传授，更是一种对学生全面发展有着深远影响的教育方式，是美育的重要组成部分。本文旨在探讨美术教育的目的，并分析其如何通过培养审美、创造与批判性思维，来塑造学生更加丰富多彩的未来。

首先，在美术教育中要充分落实美术学科核心素养。其主要包括图像识读、美术表现、审美态度、创新能力和文化理解五个方面。具体为：图像识读：指对美术作品、图形、影像及其他视觉符号的观看、识别和解读。这是美术学科独有的素养，也是学生学习美术的基础；美术表现：指运用传统与现代媒体、技术和美术语言创造视觉形象。这要求学生掌握一定的美术技能和表现方法，能够运用所学知识和技能进行美术创作；审美态度：指对自然、社会和美术作品中美的感知、欣赏、评价、判断和分享。这要求学生具备正确的审美观，能够发现和欣赏生活中的美，同时也能对美术作品进行客观的评价和判断；创新能力：指在学习、创意、改良、发明和表现等活动中形成的创新意识、创新思维和创新方法。这要求学生具备创造性思维，能够在美术创作中发挥想象力和创造力，创作出具有独特性和新颖性的作品；文化理解：指从文化的角度观察和理解美术作品、美术现象和观念。这要求学生了解不同文化背景下的美术作品和美术现象，理解其文化内涵和价值，从而加深对多元文化的认识和尊重。

这五个方面相互联系、相互影响，共同构成了美术学科核心素养的整体框架。通过培养这些核心素养，可以提高学生的美术素养和综合能力，为他们的全面发展和终身学习打下坚实的基础。

其次，美术教育与学生创新思维的培养。创新思维是当今社会所需的重要能力之一。美术教育以其开放性和多元性，为学生提供了广阔的创新空间。在美术学习和实践中，学生需要不断尝试新的表现手法和创作思路，这种探索过程本身就是对创新思维的训练和培养。通过美术教育，学生能够学会从不同角度审视问题，提出新颖的解决方案，从而在未来的学习和工作中展现出更强的竞争力。

1.审美能力的培养

美术教育的本质是对美的追求和创造，而这一过程离不开创新思维的参与。在美术学习中，学生需要通过观察、思考和实践，将内心的感受转化为独特的艺术表现。这样的转化过程本身就是一种创新思维的训练。通过美术教育，学生可以学会从不同角度审视问题，打破常规的思维模式，进而培养出独特的创新思维。

美术教育的首要任务是培养学生的审美能力。审美不仅仅是对美的感知，更是对美的理解和评价。通过欣赏各种艺术作品，学生可以学会观察、分析和解读作品中的形式、色彩、构图等元素，从而提升自己的审美水平。这种能力的培养不仅有助于学生更好地欣赏和理解艺术，还能在日常生活中发现美、创造美，使生活更具艺术感。

2.创造力的激发

美术教育是激发学生创造力的有效途径。在艺术创作过程中，学生需要发挥想象力，尝试不同的表现手法和材料，创造出独特的艺术作品。这种创造性的实践让学生学会了如何突破常规，寻找新的可能性，从而培养出一种创新和探索的精神。这种精神对于未来社会的发展至关重要，因为它能推动科技的进步和文化的繁荣。

美术教育为学生提供了一个自由发挥的创意空间。在美术课堂上，学生们被鼓励去尝试各种不同的材料、技法和表现方式，这种开放性的教学方式使得学生能够在一个相对宽松的环境中自由地表达自己的想法和感受。这种自由发挥的过程，实际上就是在激发学生的创新思维，培养他们的创造力。

3.批判性思维的锻炼

美术教育注重培养学生的观察力和想象力。在美术学习中，学生们需要通过对自然和生活的仔细观察，获取创作的灵感和素材。同时，他们还需要运用自己的想象力，将这些观察到的元素进行重新组合和再创造。这种观察力和想象力的培养，无疑是在为学生的创新思维打下坚实的基础。

美术教育强调作品的个性化和创新性。在美术作品中，模仿和重复是不被推崇的，相反，独特性和创新性才是评价一个作品好坏的重要标准。这种对创新性的追求，使得学生们在美术学习中不断地去尝试新的表现方式、探索新的艺术风格，从而进一步激发了他们的创新思维。

美术教育还能有效地锻炼学生的批判性思维。在分析和评价艺术作品时，学生需要运用批判性思维，对作品的主题、风格、技巧等方面进行深入的剖析和判断。这种思维方式要求学生保持独立和客观的态度，不盲目接受现成的观点，而是通过自己的思考来形成独立的见解。这种能力在未来的学习和工作中都至关重要，因为它有助于学生更加理性地面对问题，做出明智的决策。

4.美术教育的综合价值

在新时代大美育背景下，美术教育作为教育体系中的一部分，其重要性日益凸显。它不仅是培养学生审美能力和创造力的重要途径，更是传承和发展社会文化的重要手段。美术教育的目的不仅在于传授艺术技能，更在于通过培养审美、创造与批判性思维，来全面提升学生的综合素质。这些能力的提升不仅有助于学生在艺术领域的发展，更能为他们的未来生活奠定坚实的基础。因此，我们应该充分认识到美术教育的重要性，将其纳入教育体系的核心部分，为更多的学生提供高质量的美术教育机会。

（结语）

美术教育的目的远不止于技能的传授，它更是一种全面的、深入的教育方式。通过培养审美、创造与批判性思维，美术教育为学生打开了一扇通往更加丰富多彩世界的大门。让我们共同努力，推动美术教育的发展，为下一代创造一个更加美好的未来。

二、艺术家型美术教师的作用

当前，虽然美术特色学校在数量和规模上有所增长，但在内涵建设方面仍面临诸多挑战。如教学资源不均、师资力量薄弱、课程设置单一等问题，制约了美术特色学校的发展。艺术家型美术教师的加入，能够显著提升美术特色学校的教学水平和艺术氛围。他们通过个性化教学、创新课程设置和丰富的艺术实践活动，有效激发学生的学习兴趣和创造力，推动学校内涵建设的深化。

（一）艺术家的独特魅力与教育价值

首先，艺术家型美术教师不同于传统的教育工作者，他们自身就是艺术创作的实践者，拥有丰富的艺术经验和深厚的艺术修养。在教学过程中，他们能够将个人的艺术感悟与创作经验融入课堂，为学生提供更为真实、生动的艺术学习体验。这样的教学方式不仅能够激发学生的学习兴趣，还能有效提高学生的艺术创造力和审美鉴赏能力；其次，艺术家型美术教师深知，艺术源于生活。他们鼓励学生走出教室，走进大自然，观察生活中的点滴美好。从一棵树、一朵花到一座建筑、一个人，生活中的每一个细节都可能成为创作的灵感来源。这样的教学方式不仅让学生更加热爱生活，还培养了他们的观察力和审美能力。

（二）引导学生探索艺术世界

美术特色学校的教育目标之一是培养学生的艺术个性和创新能力。艺术家型美术教师具备独特的艺术眼光和审美观。在教学过程中，他们凭借其对艺术领域的深入了解和探索，能够将自身的艺术素养和创作经验融入课堂，引导学生更加深入地理解艺术的本质，发掘学生的艺术潜能，为学生提供更加专业、深入的指导，帮助学生提升艺术修养和创作能力。他们鼓励学生大胆尝试，勇于创新，让学生在艺术的海洋中自由遨游，寻找属于自己的艺术语言。

（三）塑造学校的艺术文化氛围

艺术家型美术教师的存在，对于美术特色学校的艺术文化氛围的营造具有至关重要的作用。他们通过组织各类艺术活动、展览和研讨会，不仅为学生提供了展示才华的平台，也为学校积累了艺术资源，丰富了校园文化生活。这种浓厚的艺术氛围，反过来又进一步激发了学生的学习热情，形成了良性的循环。

（四）推动学校艺术教育的发展

艺术家型美术教师在教学方法、课程内容等方面往往具有更为前瞻性的思考和实践。他们不仅关注学生的技能训练，更注重学生艺术素养的全面提升。通过不断探索和创新，他们推动了学校艺术教育理念和模式的更新，使学校的艺术教育始终保持在时代的前沿。

下面以胡菲老师为例：

胡菲老师是静安区实验中学一名一线成长起来的艺术家型美术教师典型代表，她是上海市特级教师、正高级教师、中国美术家协会会员，曾获市园丁奖、区拔尖人才、区学科带头人等荣誉。多年来，胡菲老师扎根民间美术，坚持"立美育人"，恪守"三育""三养"的美育理念。"三育"即"育智、育心、育德"；"三养"即"关注学生的艺术培养、关注学科的精神涵养、关注学校的文化滋养"。开发了漆艺、染缬等初中民间美术特色课程，形成了"花型结构式"课程教学模式。出版专著《中学民间美术教学新探》等，发表论文30余篇，开发8门校本课程。其学术主张：植根民族美术，坚守"立美育人"。在时代美育与传统文化间架起传承与创新的桥梁。以弘扬中华优秀传统文化和对非遗漆艺传承为己任，坚守初心。她说，能传承并发扬民族美术，带教出一批批优秀教师，培养出一批批优质学生，是其毕生的追求。

作为市"艺术教育名师工作室"和市非遗进校园"十佳传习基地",她的漆画工作室让漆艺向更大更广泛的区域辐射与推广,通过面向全市开放招收培训学员,漆艺项目逐步走进越来越多的区县、校园,推动了中小学艺术特色项目的开展。

综上所述,艺术家型美术教师在教育中发挥着不可替代的作用。对美术特色学校的重要意义体现在多个层面:他们以自身的艺术修养和创作经验为学生提供优质的艺术教育;他们以艺术为媒介引导学生深入探索艺术世界,培养学生的艺术个性和创新能力,培养学生的审美情趣和人文素养;注重学生的个性发展和创造力的培养;通过艺术实践培养学生的团队协作能力和社会责任感。他们的教育理念和实践不仅丰富了教育的内涵和外延,更为学生的全面发展奠定了坚实的基础。他们通过营造浓厚的艺术文化氛围,推动学校艺术教育的不断发展。因此,艺术家型的美术教师在美术特色学校内涵建设的重要性与意义,如同璀璨的明星照亮夜空,不可或缺。他们不仅是传授技能的匠人,更是灵魂的塑造者,他们用自己的艺术理念和实践经验,为学校的内涵建设注入了活力和灵魂。

紧握『五支笔』，做与时俱进的艺术家型美术教师

第二章

引言

2018年8月30日，习近平总书记在回复中央美术学院八位老教授的回信中强调了"美术教育是美育重要组成部分，对塑造美好心灵具有重要作用"。由此可见美术教育的时代重要性，美术教师理所应当扛起立德树人、以美育人的责任担当，要善于用育人的思想、哲学的思维、智慧的眼光、专业的判断以及科学的方法去捕捉涌现在时代中的美的形象、美的故事、美的文化、美的思想、美的精神，并能将其有机融入美术教学中，达到以美育人，以美化人，以美润心的育人目的。

艺术家型美术教师作为新时代的教育先锋，不仅是艺术的传授者，更是学生艺术探索路上的引路人。因此，要紧握象征艺术创作的画笔、立足课堂寓教于乐的粉笔、潜心教科研的钢笔、怀揣教育情怀的"心"笔和象征未来科技的"芯"笔，用自己的艺术实践和教学智慧，搭建起学生与艺术世界之间的桥梁，让学生在艺术的熏陶中感悟生活、发现自我。

第一节
握紧画笔，描绘时代强音

"画笔"，是美术教师的专业底色，"画笔"（包括电脑笔、平面造型、立体造型、综合创意表现等）是美术学科教师的专业名片，是夯实美术学科教师专业基本功，凸显现代信息技术应用，培养美术教师艺术精神，树立美术教师艺术形象，彰显美术学科"视觉形象性"教学特色，激发学生美术学习兴趣，并能够将学生瞬间引入生动精彩图像世界之中，引发学生探究心智，提高学生审美创意表现能力，有效落实美术学科核心素养的重要载体。

"画笔"应当是每位艺术家型美术教师的心爱之笔，是美术教师"以心入画""以画抒情"的重要抓手。夯实"画笔"能够培养"以大爱之心育莘莘学子，以大美之艺绘传世之作"的高品质美育教育者。美术教师的"画笔"只有与时代同步，与"立德树人，绘画育人"同行，才能绽放其无穷的艺术生命力和教育生命力。原上海市美术名师培养基地主持人张家素导师说："我对美术教育事业的热爱，也源于对画笔的热爱。画笔是艰辛生活中的快乐与希望，是苦涩岁月里唯一的情感寄托。美术教育成为我唯一的职业选择，画笔对我心灵的成长和人格的完善起着重要的作用。"

"画笔"是美术教师的自律之笔。选择学习美术专业就应怀揣成就艺术家的梦想。华东师范大学钱初熹教授指出："艺术家型教师应是美术教师的理想状态。"因此，我们始终保持拳不离手、曲不离口的作画习惯，注重品读经典作品，从中汲取精、气、神，践行"像大师一样地观察与创作"，用画笔"描绘时代强音讲好中国故事"，"描绘我们的幸福生活"，"讲好新时代美育精神"。为此，我们美术教师应该注重提升自身专业素养，不断擦亮专业底色。

笔者自2004年起，坚持美术创作，探寻自己的艺术语言，2004年9月，油画《彩虹》入选第十届全国美展安徽省展；2010年1月，油画《上海音乐厅》入选"迎世博——上海百景油画展"；2011年1月，油画《龙岩苏维埃政府旧址》入选庆祝中国共产党成立九十周年"红色的记忆——革命圣地油画作品展"；2012年10月，油画《彩虹》入选第四届上海市民美术大展；2013年7月，油画《顾村镇街》入选第17届上海"江南之春"画展；2015年12月，《那片火红的山丘》入选"绮丽绘彩——2015上海首届固体油画棒作品展"；2018年12月，油画《彩虹》入展中国国家画院美术馆"今日浦东——庆祝中国改革开放40周年暨浦东开发开放28周年美术作品展"；2019年1月，油画《新场印象》入选"画说浦东——浦东现实题材美术创作大展"；2020年2月，油画《赞》入选中国美术家协会"众志成城、抗击疫情——美术家在行动之油画篇（三十一）"官方公众号线上展；2020年6月，油画《赞》入选"最美守护者——上海群文抗疫主题美术作品展"；2021年4月，油画《8424甜了》入展上海市文艺会堂"庆祝中国共产党成立100周年——纪念江丰同志诞辰111周年美术作品展"；2022年7月，油画《界浜村印象》入选"画说浦东——优秀美术作品展"；2024年1月，油画《掠过楼顶的阳光》《城厢遗韵》入选第十二届上海美术大展；等等。

作为一名艺术家型美术教师，最重要的就是要擦亮专业底色，握紧画笔，做一名有责任有担当的新时代美育工作者。因此，我们对专业的追求往往需要理论联系实践。下面案例就是笔者从理论认知到实践创作对绘画专业的研究与探索。

案例一

绘画的理论研究
论绘画的情感与形式

摘要：绘画是有视形象的艺术，视觉形象本身就包含着形式和内容的统一。而内容无疑与意义、情感、价值相联系。关于情感，本文指审美情感，是一种极其复杂的心理反应，它是客观对象在主体自身的一种主观性心理反应；是绘画的本质所在，是赋予绘画生命的灵魂。关于绘画的形式包含着两方面的内容：一是内容结构；二是绘画的形象外观。绘画的情感和形式辩证统一，互为表里，密不可分，在绘画创作中只有做到情感和形式的高度和谐统一，才能真正做到"情以物迁，辞以情发"。

Abstract: Painting is a visual image of the art. Visual image itself contains the form and content of the unity. And content is unquestionably associated with meaning, emotion, and value. As for emotion, this article refers to aesthetic emotion, which is an extremely complex psychological reflection, a subjective psychological reflection of the objective object in the subject itself, the essence of painting, and the soul that gives life to painting. On the form of painting contain two aspects of the content, one is the content of the structure, the other is the image of the appearance of painting. The emotion and the form of painting are dialectically unified, which are inseparable from each other. Only when the emotion and the form are in a high degree of harmony, can we truly achieve the goal of "Emotion moving with material, words moving with emotion".

关键词：绘画；情感；形式；关系；辩证统一

Keywords: Painting; Emotion; Form; Concern; Dialectical unity

引言

翻开画册，打开历史，当我们品读一幅幅作品时总能在心灵的深处达到某种共鸣，试问一下，究竟是什么在心底打动我们？又是什么让达·芬奇留住了"蒙娜丽莎"永恒的微笑？塞尚为何能守住静物永恒的美？为何旋转的笔触才能反映凡·高那特殊的内心世界？等等。我们再将着眼点放到中国绘画上来，所设的问题似乎更具意义了。为何黑白之间能蕴藏着"玄机"，是什么赋予了笔墨神奇的灵魂？我们抛开已知的先验，静下心认真想想，似乎这些问题的答案落到了一处——情感与形式。

绘画，作为一种特殊的意识形态，作为"心理状态"的外达形式，作为情感表达的一种重要的视感官可见的形式而存在着（并将永远存在），究其原因，弄清其核心所在，意义重大。康定斯基在《论艺术的精神》中这样说道："任何艺术作品（当然包括绘画）都是其时代的产儿，同时也是孕育我们感情的母亲。"也就是说从原始简单的"模仿"到今天的"具象表现"，众多绘画作品虽说是时代所造就的，但不同题材、不同风格、不同形式的绘画都是人类情感孕育而成的，所以，绘画本身也就变成了"孕育我们感情的母亲"。在中国传统美学相关内容研究中，很早就涉及了绘画情感和绘画形式及二者之间关系问题。从西汉时期的"君形者亡"（刘安《淮南子》）直至现代的"似与不似之间"（齐白石《题枇杷》），从圣人"立象以尽意""得意而忘象"（《易经》）到"万物在天地中，天地在我意中，即以意为造物"（《意园图序》），都道出了中国艺术的最高价值不是模拟物象，而是通过"写意"以"参赞造化"，即"法自然""师造化"（此处自然是精神尺度），然而中国人以味觉、触觉为原型的审美意识和以"玄"学为主要美学理论决定了中国绘画从创作方面说，便是那"玄的心灵状态"的外达形式，这就决定了其形式在内容结构方面较为含蓄。在外国美学相关内容研究中，涉及本课题内容的研究不少，诸如沃林格尔的《抽象与移情》，黑格尔的《美学》，克罗齐的《美学原理·美学纲要》，弗洛伊德有关梦境的学说，但较具代表性的要数朗格的《情感与形式》，其中说到"它（艺术品）所表现的东西就是人类的情感"。就其绘画的形式问题，朗格说，"我们这里所说的形式，就是人们所说的'有意味的形式'或'表现性形式'，它并不是一种抽象的结构，而是一种幻象"（朗格《艺术问题》），显然具有一定的片面性。

　　绘画是有视觉形象的艺术，视觉形象本身就包含着形式和内容的统一。而内容无疑与意义、情感、价值相联系，关于情感，是一种极其复杂的心理反应，是指人这一主体对客体关系的一种态度。它的客观对象与主体自身关系的一种主观性心理反应的本质特征；它的感知方面的心理基础和心灵投射的精神因素的综合构成；需要艺术家具有充实的心理内蕴，又需要自然内容具备有意义、有内容、有形式感的形式；情感的多样性和个体情感的差异；审美内容不同或主体境况不同所导致的情感的不同；情感是绘画创作的动力和中介；情感是欣赏艺术创作的重要价值标准；等等，都将是本文所研究的范畴。关于绘画的形式，概念有不同的含义。一方面包含绘画内容结构，当然体现情感。另一方面是绘画的形象外观，即点、线、面、形、气、韵的组成方式；形式和内容的辩证统一关系；此外，还有关于形式美的含义、形式美的本质；关于形式的构成因素及其表情；绘画形式美的规律等。情感，可谓是绘画具有生命的灵魂，它不仅是绘画创作的动力，还是欣赏艺术创作的重要价值标准。然而情感必须由一定的形式来表达，不同的形式反映不同的情感。

本文课题研究旨在通过论述绘画的情感与绘画的形式及其二者之间的关系来折射绘画这一特殊的意识形态的魅力所在。在绘画的情感和形式的关系方面问题显得尤为重要。究竟情感和形式的关系如何？在绘画创作中若情感和形式的关系处理不当有什么样的弊端？如何在绘画创作中做到情感和形式的高度和谐统一，真正做到"情以物迁，辞以情发"。

正文

1.绘画的情感

1.1 情感的概念和本质特征

关于情感，在一般的心理学中认为，它主要是指人这一主体对客体关系的一种态度，是客观对象在人主体内心的一种主观性心理反应，是客观事物是否符合人的需要而产生的态度和体验，这种态度和体验作为人对客观现实特别的反应形式，它不同于认识过程的反映，它不是反映客观事物本身，而是以体验的形式来反映客观现实和人的需要之间关系的。情感是由社会需要引起的。本课题论述的情感，是绘画的情感，主要指审美情感，即根据一定的关系原则对自然或社会现象以及在艺术上的表现进行美的欣赏和评价时所产生的情感体验，是对客观事物与美的关系的反应。

审美情感孕育于日常生活当中，源于"日常生活情感"，但高于"日常生活情感"，是高级的"情感"。就审美情感本身也还是有高尚、华贵、质朴、单纯以及低级、庸俗、颓废等之别。这主要由人们（这里指艺术家）的世界观、道德行为准则和美学评价所决定的，当然受自然客观内容及形式的影响。因为审美情感，是艺术家内心对审美客体的一种心理体验，是艺术家通过发现、感知、认识和欣赏审美客体的美或把握它的其他美学特征，如崇高、滑稽、丑恶等，来获得精神上的一种感受。

在中国传统美学中，最早涉及"情感"的大概数《尚书》中所提到的："诗言志，歌永言，声依永，律和声"（《尚书·舜典》），此外"志"的内涵是广泛的，它不但是一种思想更是诗人在诗歌中所表现的具体情感，唐代的孔颖达在《五经正义·春秋左传正义》中把"志"解释为："在己为情，情动为志，情志为一也"。在西方相关学说中，西塞罗在《神性论》中说，公元前5世纪的德谟克里特就不承认有某人可以不充满热情而成为大诗人的。稍后，柏拉图在《理想国》中把人的心理活动分为知、意、情。直到18世纪启蒙主义、感伤主义和19世纪的浪漫主义兴起后，"情感"才被真正研究于艺术领地。

1.2 绘画情感传达及情感心理基础与自然内容的形式要素

绘画是一种特殊的意识形态，是情感表达一种视感观可见的外达形式。康德认为艺术的基本特征就是去表现情感。也当然就是说，艺术家创作的过程便是情感传递的过程。列夫·托尔斯泰在《什么是艺术》中系统地论述了艺术是一种表现情感和传达情感的工具。他说："艺术是人与人之间相互交际的手段之一。人们用艺术互相传达感情……一个人为了要把自己体验过的感情传达给别人，于是在自己心里重新唤起这种感情，并用某种外在的标志把它表达出来——这就是艺术的起源。"勋伯格还说："一件艺术品，只有当它把作者内心激荡的感情传达给听众的时候，它才能产生最大的效果，才能由此引起听众内心情感的激荡……事实上，艺术家所努力追求的只有一个最大的目标，就是表现自己。"

情感可谓是绘画创作生命的灵魂，白居易在《与元九书》中说："感人心者，莫先乎情"，明代的汤显祖认为艺术的本质就是"情"，都是由"情"产生出来的，文学艺术之所以能打动人也都是因为有"情"。他在《玉茗堂文之四·耳伯麻姑游诗序》中说道："世总为情，情生诗歌，而行于神"，等等，所有这些简要而精到的阐述，无不都说明了艺术创作的本质是表现人们的情感。然而，艺术家在创作时如何或怎样获得所需表达的一定的审美情感体验呢？

苏珊·朗格在《艺术问题》中说道:"在我看来,每一种艺术都以不同程序的纯粹性和精巧性表现了艺术家所认识到的情感和情绪,而不是表现了艺术家本人所具有的情感和情绪,它表现的是艺术家对感觉到的事物的本质的洞察,是艺术家为自己认识到的机体的、情感的和想象的生命经验画出的图画。"并进一步说:"一个艺术家表现的是情感,但并不是像一个发牢骚的政治家或是一个正在大哭或大笑的儿童所表现出来的情感,艺术家将那些在常人看来混乱不整和隐蔽的现实变成了可见的形式,这就是将主观领域客观化的过程。但是艺术家表现的绝不是他个人的实际感情而是他领会到的人类情感。"我们可以看出朗格尽管未像克罗齐和科林伍德那样强调艺术品的情感是艺术家自我主观情感的流露与表现,但她似乎将普遍性的情感与艺术家个人的情感割裂开来。我们根据情感结构的本质特征及其定义可以看出,情感当然需要艺术家具有充实的心理内蕴,因为审美情感是一种主观性心理反应,审美情感是否高尚、华贵、质朴或颓废当然要看艺术家自身的世界观,道德行为准则和美学评价标准,一个艺术家内心世界受着何种思想的熏陶自然会流露出何种的情感内蕴。但是情感终究是对客观对象的心灵投射,必然受着自然内容的限制。客观对象不同,艺术家的情感便很难相同;客观对象的内容、形式不同,艺术家的心理体验当然就会不一样。审美情感本身就是一种高级情感,因此,艺术家不仅需要具有充实的心理内蕴,还需要自然内容具备有意义、有内容、有形式感的形式,才能体验主观与客观高度统一的情感。

1.3 情感是绘画创作的动力、中介和重要的价值标准

在整个审美认识活动和审美创造活动中,积极的情感活动是美术创作的一个显著的特点,没有情感也就没有艺术。情感是绘画创作的动力和中介,也是欣赏艺术创作的重要价值标准。

绘画创作说到底是艺术家在体验客观事物在自身内心的反映,也就是客观情感与主观情感达到一个共鸣的表现图式。康定斯基说:"内在因素,即情感,它必然存在;否则艺术作品就变成了赝品。"何尝不是,一幅绘画作品若没有了情感那它便不具审美的价值和审美的功能了。众所周知,伟大的画家达·芬奇在创作《蒙娜丽莎》时,由于审美对象情感低落,就不惜

代价请来乐队为她演奏，为的就是能使客体情感与主体情感达到一个交融的最高点，这样创作出来的作品才会生生不息，就是这样留住了那"神秘的微笑"。凡具有生命力的创作都是情感的结晶。有些作品如现代的波洛克、克莱因等人的绘画，看起来没有任何具体事物的形象，于是被人称为"抽象艺术"，但是，这所谓的"抽象艺术"之所以是艺术，并不在于其"抽象"，在于其情感性。

△《蒙娜丽莎》（［意大利］达·芬奇）

　　情感是艺术家创作内容的核心。清代画家郑板桥曾在《题画》中说道："江馆清秋，晨起看竹，烟光日影露气，皆浮动于疏枝密叶之间。胸中勃勃遂有画意。其实，胸中之竹，并不是眼中之竹也。因而磨墨展纸，落笔倏作变相，手中之竹又不是胸中之竹也。"从他"眼中之竹"—"胸中之竹"—"手中之竹"这一定式可以看出"胸中之竹"即内在的情感是创作过程中的核心所在。只有有内在情感的内容才会有意义、有价值，表现出来的视觉形象才会生动感人，哪怕是"抽象"的视觉形象，其都将扣人心弦，在内心深处给人以美的张力。

　　综上所述，创作正如康定斯基描述的那样："灵魂与肉体密切相连，它通过各种感觉的媒介（感受）产生印象。被感受到的东西能唤起和振奋感情。因而，感受到的东西是一座桥梁，是非物质（艺术家的情感）和物质之间的物理联系，它最后导致了一件艺术作品的产生。"

　　科学是以理服人的，艺术则要以情动人，情感因素可谓是艺术形象具有感染力的核心，是赋予它生命的灵魂，清代画家孔衍栻曾说："余不论大小幅（山水画），以情造景，顷刻可成。"罗丹则说："艺术就是情感。"故在某种意义上表明，没有情感便没有艺术，艺术创作就是情感交流，就是艺术家情感的一种显现或传达。然而这种情感的传达，必然要有某种载体和媒介或者说是"符号"来表现。这种载体、媒介、"符号"就是形式。本文接下来便论述有关绘画形式的问题。

2.绘画的形式

2.1 形式的基本含义

在西方美学史上，早在古希腊时代就产生形式概念。"公元前6世纪的毕达哥拉斯学派，不仅把数看作是万物的本原，而且还认为'数理'是物质世界的存在状态和基本规律。他们发现了黄金分割律，并从三个方面对'数理形式'进行了规定：①指世界万物作为自然存在物的自然属性和状态；②这种自然属性和状态表现为一种数理关系；③和谐是世界万物之数理关系的最高的审美理想。之后，出现了由苏格拉底提出、柏拉图系统发挥的'理式'论的形式论。柏拉图认为，在世界万物之先、之上、之外，存在着一种精神范型——绝对理式，世界万事万物即由它而派生出来。""亚里士多德则认为，事物生成和变化的原因就在事物本身，即质料因、形式因、动力因和目的因。所谓'形式'就是事物的本质定义和存在方式。""而后，贺拉斯提出'合式'概念。所谓'合式'就是将作品作为一个有机的整体，在题材的选择、性格的描写、情节的展开和语言、格律等表现形式方面，做到得体、妥帖和尽善尽美。"到近代，康德又提出了"先验形式"的概念，认为知识是先天的知识形式和后天的感觉表象结合而成的产物。

到了20世纪，从俄国形式主义开始，形式被许多理论家明确地界定为艺术的一种本体存在。以结构主义、原型批评理论、格式塔心理学美学、西方马克思主义为代表。结构主义所理解的形式是指事物各组成要素之间的一种相互关系；原型批评理论所理解的形式类似柏拉图的理式和康德的先验形式；格式塔心理学美学所理解的形式则是指一种知觉形式，一种力的结构图式；而在西方马克思主义那里，形式一方面"指代那种规定艺术之为艺术的东西"，另一方面又是指对社会素材的重新组合与感性熔铸。

从上可见，在西方美学史中，对形式问题的关注已有很长的历史。在中国传统美学中也很早就涉及有关形式的问题，如中国画中的"人物十八描""曹衣出水、吴带当风"式的线条特征以及谢赫在六法中所说的"骨法用笔""随类赋彩"等无不反映了形式的问题。

综上可以看出关于绘画的形式，就是内容的存在方式问题，也就是绘画的内容结构和一定物质材料、艺术语言表现出来的外在形态。具体说来主要由两方面构成,一方面是绘画内容结构,即作品内容诸因素的组织结构,也就是在一定主题的指导下,把题材等各种因素组织起来的内部结构;另一方面是绘画的形象外观,即点、线、面、形、色、气、韵的组成方式或者说是组成形象呈现于感官面前的那种样式,也就是艺术家用一定的手段和工具材料使艺术内容获得物质外壳的外在形态。

2.2 形式美

形式美是美的一种表现形态,它与绘画创作的意义,内部结构和外部形式相联系。形式美就是指在美术作品中,色彩、线条、形体、明暗、空间等美术语言合规律与合目的性的组合。在古希腊,美学家和造型艺术家们特别关注对形式美的探讨,如毕达哥拉斯学派就认为在所有的几何形中,圆形和球体是最美的。著名的黄金分割律比例也是这一学派对形式美研究的成果。17世纪英国的著名艺术理论家和画家贺加斯,从视觉感觉的愉悦性出发,提出了"蛇形线"是最美的线条这样的观点。在我国传统美学中提到的"吴带当风""曹衣出水"又何尝不是形式美的体现呢。

形式美当然包含形式因素美、形式因素组合美、整体形象的形式美三方面的内容。形式因素美当然指的是组合形式各因素本身所具有的美,即点、线、面、形、色、气、韵各自能相对独立存在的形式本身的美,形式因素组合美,即由各形式因素组合成某一形式而具有的大于各组合因素形式美之和的美,形式因素组合当然要符合形式美的法则,像对称、平衡、秩序、比例、和谐、变化与统一等就是一些基本形式美法则。整体形象的形式美,当然是绘画内容结构与形象外观统一的美,是绘画形成因素构成及其表情的综合美。

2.3 绘画形式的形成

形式就是事物呈现的某种方式,客观事物本身便是一种形式,以属于自身存在的方式而存在。如水以液态的形式存在,花、草、树木均以自己的形状、色彩,这样的形式呈现自己的存在方式,由此我们可以看出形式的相对独立性。

绘画本身便是一种形式,是运用色彩、线条的形体(当然是在内容结构的基础上)等形式,反映现实美表达人的情感和审美感受的形式。在创作过程中,艺术家是将客观物象的形式转换成具有形式美的形式的过程,当然这一过程要遵循形式美的规律。也就是说绘画形式是客观存在通过主观转换的过程，是客观与主观的统一，而并非朗格所说的："我们所说的形式，就是人们所说的'有意味的形式'或'表现性形式'，它并不是一种抽象的结构，而是一种幻象。在观赏者看来，一件优秀的艺术品所表现出来的富有活力的感觉和情绪是直接融合在形式之中的，它看上去不是象征出来的，而是直接呈现出来的。"显然可以看出其已走向了一个极端，朗格忽略了形式的客观存在性，一味强调形式的主观性，而使其走向"形式主义"当然又不可一味追求其客观性而抛弃"有意味的形式"，那样绘画势必走向图解的形式。因此，在创作中就要求艺术家遵循形美的规律做到形式的客观性与主观性的高度统一，根据其创作的内容选择究竟是客观性多一些还是主观性多一些的形式来表达内容的最终形式。就绘画的形象外观的形式分为两种类型：第一类，"写实"（再现）性或"具象"（摹仿）性的艺术形式，其中最大的特点便是对客观世界事物的形象做各种形式的"摹仿"，即客观性为主；第二类，纯"抽象"性即完全排除了"摹仿"任何物象的因素的形式，也就如康定斯基所说的"纯粹的形式"，或贝尔、朗格等所言的"有意味的形式"或"表现性形式"。

创作的形式与主题内容的统一，从某种意义上说内容决定了形式，形式体现了内容，而内容又与意义、情感、价值相联系，情感毫无疑义又是内容的核心，情感与形式的关系问题便成了创作过程的核心问题，也就自然成了本课题研究的核心问题。接下来本文便具体论述绘画情感与绘画形式的关系问题。

3.情感与形式的辩证法

绘画说到底是情感的表现，而情感需要一定的形式来呈现。在某种意义上什么样的情感决定了什么样的形式，同样，什么样的形式传达什么样的情感，情感和形式统一在绘画创作中。如果说情感是赋予绘画生命的灵魂，那么形式就是构成绘画的肉体及表情。

3.1 情感是形式的灵魂

康定斯基说："内在因素，即情感，它必须存在；否则艺术作品就变成了赝品。内在因素决定艺术作品的形式。"并且进一步说："为了使内在的因素（它最初仅仅是一种情感）变为一件艺术作品，必须借用第二个因素

（即外在的因素）作为表现形式。情感总是在寻求表现手段，即寻求一种物质形式，一种能唤起感受的形式。然而重要的和起决定性作用的却是内在因素（即情感），它制约着外在形式，正如我们头脑里的思想观念决定了我们的言辞，而绝不会是相反。所以，一件艺术作品的形式由不可抗拒的内在力量所决定，这是艺术中唯一不变的法则。"当然他还说道："一件优美的作品是内涵和外表统一和谐的结果；换句话说，一幅画是个精神有机体，它像一切物质有机体一样，是由很多部分组成的。"

由此可见，绘画的形式在某种意义上由内在的情感所决定。在中国传统美学中如"意在笔先"，还有画论家方薰说："在画时意象经营，先具胸中丘壑，落笔自然神速。"无不道出情感先于形式，形式由情感决定。

3.2 形式是情感的显现

情感在某种意义上决定了形式，还因为形式体现了情感，是使情感呈现的客观形式。形式虽然具有一定的相对独立性，然而就绘画创作而言，形式的目的在于体现创作的情感。

△《梅杜萨之筏》（［法国］籍里柯）

首先从内容结构出发。比如籍里柯的《梅杜萨之筏》这幅作品，作者为了表达对死亡的绝望和求生的希望之间的冲突，采用了非稳定的三角形构图方式，把死亡安排在三角形的底部，触目惊心的场面突出了死亡存在的现实性和残酷性，同时把对求生的希望安排在三角形的顶端，让其成为视觉的中心。这样，从绝望到希望，在作品中仿佛经历了一种时间的，也是心理的转换过程。从而充分表达了作者由绝望到希望的情感意图和这幅作品所蕴含的主题。我们再看另一幅作品如齐白石的《蛙声十里山泉》，画面以下开式的构图巧妙地经营墨色与留白的布局，体现了泉水自深山处流经而来，画中的小蝌蚪如画龙点睛般道出了作者那巧妙的构思，更表达了他那崇尚大自然的情感。

◁《蛙声十里山泉》（齐白石）

△《伊凡雷帝杀子》（［俄国］列宾）

然而，就绘画的形象外观来看，形式更加反映和体现了情感。如注重形式客观性的写实主义形式，一般反映和表现艺术家对客观物象情感的共鸣情感。见过俄国19世纪的伟大画家列宾的名作《伊凡雷帝杀子》的人，大都不会忘却画中的主角伊凡雷帝的神情刻画，特别令人难忘的是画家突出描绘了伊凡雷帝那令人震骇的眼神。画家用高度写实的形式再现了伊凡雷帝因信传言而错杀了自己唯一的儿子后那惊讶、后悔、无奈的神情；同样，他的另一幅代表作《伏尔加河上的纤夫》，也使人久久不能忘怀，原因是相同的，都是因为作者将客观物象本身的情感通过自身的共鸣而表现得淋漓尽致。

我们再将目光转向所谓的最能表现情感的形式，即"表现性形式"或者说是抽象主义形式，这种形式注重客观物象在自身主观性的体验形式，有的就直接将主观的情感体验依据一定的形式美规律组合形式因素达到所要呈现的形式。而这种形式往往是通过象征或隐喻来传递情感的。首先，从形式因素本身看，如德拉克洛瓦说的"众所周知，黄色、橙色和红色具有快乐和丰富的含义"。何尝不是呢，当听到"红色"，我们的心中便涌起一丝丝暖意，相反，看到"蓝色"，在我们的内心就会有一些平稳、冷淡；直线给人以平稳、刚硬之感，曲线却体现柔和、流动。而康定斯基则对形形色色的基本绘画元素进行了象征性的表述，如"水平线是女性的""垂直线是男性的""黄色是大地色，象征世俗""蓝色是天堂色，象征高贵"等等。画家就是这样将具有形式美的形式因素按一定形式美的规律组成具有形式美的整体形象的形式来表达最终的情感。如西班牙的伟大画家毕加索所创作的具有纪念碑意义的壁画《格尔尼卡》，画面以简单的黑、白、灰三色传达了一种"黑暗"的气息，高度概括过的牛、马、惊恐的人、握着断箭的手、抱着死去了的孩子的母亲、从火堆里掉下来的妇女……这些重叠、分割的

△壁画《格尔尼卡》（［西班牙］毕加索）

形象按着无秩序中的有秩序构成了一个梦魇般的世界，整幅作品的形式充分表达了作者对德国法西斯军队轰炸西班牙小镇格尔尼卡，致使和平居民惨遭杀害的暴行进行控诉的情感。

形式是以表达内容中的情感为最终目的的，情感的表达才是绘画这一艺术形式的本质，从《易经》开始，"意"即内在的情感本质便被看作万物内部的本质。圣人"立象以尽意（言）""得意而忘象"到顾恺之的"以形写神""晤对通神""传神写照"等概念都道出了中国画的本质即以"象"达"意"，正如"万物在天地中，天地在我意中，即以意为造物"（《意园图序》）。苏轼云："论画以形似，见与儿童邻"从侧面道出了形式体现情感才是形式存在的本质意义，而并非以"形"论画。而要通过"形"或"象"来"得其意思"（苏轼《传神记》）。

3.3 情感与形式辩证统一

在绘画的创作中，情感是赋予绘画生命的灵魂，形式便是构成绘画的肉体及表情，是表达并呈现情感具体存在的问题；情感决定形式，形式反映有效期体现情感。情感与形式在绘画创作中辩证统一，互为表里，密不可分。如康德曾提出"先验综合"的概念，试图取得先验的形式与感性材料（情感）的统一。黑格尔则提出了"美就是理念的感性显现"。所谓"理念"，是指"普遍的力量""意蕴"，当然也包括了情感；所谓"感性显现"就是指人内在的"意蕴"外化为具体的感性的形式。朱光潜先生认为，黑格尔的这一命题阐明了感性与理论的统一，而"理性与感性的统一也就是内容（当然包括情感）与形式的统一"，也就是说，黑格尔是在"理念"的基础上来统一情感与形式的。贝尔则用"有意味的形式"来对情感与形式进行统一。他在《艺术》中说道："线条、色彩以某种特殊方式组成某种形式或形式间的关系，激起我们的审美感情。这种线、色的关系和组合这些审美的感人的形式，我称之为有意味的形式。"格式塔心理学美学认为，艺术形式与情感意蕴之间的关系本质上是一种力的结构的同形关系。外部自然事物和艺术形式中与情感生活有关的东西实际上是由它们的各种形式因素和关系体现出来的力的式样，这种力的式样在本质上与人类情感生活中包含的力的式样没有根本的不同。也就是说当外部事物和艺术形式中体现的力的式样与某种人类情感生活中包含的力的式样达到同形或异质同构时，我们就觉得这些事物和艺术形式具有了人类情感的性质。于是，艺术中的形式与情感在同物的基础上达成了统一。以上学派从不同角度阐述了情感与形式的统一，朗格也说："艺术形式与我们的感觉、理智和情感生活所具有的动态形式是同构的形式……形式与情感在结构上是如此一致，以至于在人们看来符号与符号表现的意义似乎就是同一种东西。正如一个音乐家兼心理学家说：'音乐听上去事实上就是情感本身'。同样，那些优秀的绘画、雕塑、建筑，还有那些相互达到平衡的形状、色彩、线条和体积等等，看上去也都是情感本身，甚至可以从中感受到生命力的张弛。"

情感和形式统一在绘画创作中。情感离开了形式，主观对客观的体验只能作为一种意识抽象形态而无法体现，如司马谈在《论六家要旨》中说到的"形离则神死"。同样，形式离开了人的情感将变得毫无意义。

绘画的情感与绘画的形式是一对辩证统一的范畴，形式是使情感显现的东西，它通过可触摸的，看得见的，实实在在的点、线、色等因素把一种摸不着、易变、无形、流动的主观心理反应固定下来，以表达人的更深一层的意义，而情感只有在形式化的情况下才能被认识与欣赏，在艺术中情感必须形式化，形式也必须情感化，不然形式便只能是一种形式，若脱离了情感就变得毫无意义。

(结论)

综上所述，我们可以看出，绘画说到底就是情感的表现，而情感的表现又必然借助于形式来显现，关于情感，文中已做了一定程度的论述。它是主观对客观的一种复杂的主观性心理反应，它是绘画创作的动力，是内容的核心，是赋予绘画动人生命的灵魂；然而形式便是那承载着灵魂的肉体及表情，关于形式，本文从两方面对其做了一定的论述。形式就是呈现情感表达内容的存在问题。

情感和形式是辩证统一的。无论是现实主义还是表现形式主义，都通过一定的方式表达了情感和形式的统一关系；然而通过上述论证可得出绘画的情感离不开形式的表现，"形离则神灭"，同样，形式若脱离了情感它只能作为一种简单的肤浅的形式而失去其真正的意义。故情感与形式是辩证的统一关系。因此，在绘画创作中只有做到情感和形式的高度和谐统一，才能真正做到"情以物迁，辞以情发"，绘画才会显现自身独有的魅力而永远存在。

（此文曾获得2005年安徽省高校优秀毕业论文）

案例二

油画《8424甜了》创作实践

　　毫不夸张地说，南汇是我第二故乡。我是2005年大学毕业就被人才引进到了南汇，供职于工商外国语学院附中。8424这个品种是1984年由上海市原南汇区农业专家育种成功的第24组良种，由于皮薄汁多、甘甜、爽口，再加上个头适中，近年来成为西瓜中的"王牌"，深得市民喜爱。此画创作于2021年，是历史意义非同寻常的

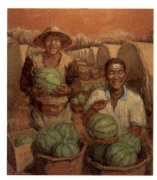
△油画《8424甜了》（112cm×124cm）

一年，既迎来了中国共产党建党百年，更是全面消除贫困人口建成小康社会彪炳史册的胜利之年，也是"十四五"规划的开局之年，这种甜蜜的感觉让我想到了南汇的8424西瓜的味觉——甜！

　　在确定了构思立意后，我开始收集素材，设计构图，勾画草稿，旨在表现出瓜农在喜获丰收之后洋溢在脸上最憨实真诚的笑容，又或是喜悦表情。同时可以象征地表达，勤劳、朴实、热情的南汇人民用自己的双手创造一个个美丽的传奇故事。

▷ 收集素材

◁ 设计构图，勾画草稿

△ 2021年4月，作者携作品在上海市文艺会堂"纪念江丰同志诞辰111周年浦东美术作品展"现场

◁ 创作描绘修改完成

案例三

油画《赞》创作实践

都知道2020年的春节是非同寻常的，一场突如其来的新冠疫情，打乱了中国传统春节阖家团圆的节奏。在这场没有硝烟的战争中，全国按下了暂停键，全民都参与了抗击疫情的战斗，正如张文宏医生所说"宅家即战斗"，每个时代都有不同的"英雄"，疫情当时战斗在一线救死扶伤的医护工作者当然就是伟大的英雄！

△ 油画《赞》（60cm×60cm）

当我看到一群白衣天使在与病毒斗争与死神抢时间的战斗场面，可歌可泣的画面无比动人，其中有这样一幕深深打动着我，烙印在我的心底，那就是解放军医疗队进驻重症室时，一位患者不由自主地竖起大拇指，医疗队的医生们也同时竖起大拇指回应，此时的画面无声胜有声，那就是一个字"赞"！

△ 解放军医疗队进驻重症室

▷油画作品《赞》入选中国美术家协会官方微信公众号线上展，同时入选《最美守护者——上海群文抗疫主题美术作品展》

◁构图描绘创作

　　所以，在表现上营造出一种时间痕迹的空间氛围，更是在构图上突出医生围成一道白色的屏障，天使般守护着患者，患者在屏障中心安全地竖起坚强的手势，这不仅表达的是患者对医生的感谢，也是医生对患者的鼓励，更表达了全国人民团结一心共同抗疫的决心。

案例四

油画《彩虹》创作实践

　　我们说历史总是在以某种方式重演着，与新冠疫情极其相似的一场疫情就是2003年的非典大暴发，那时的我正在就读大二，全校封闭，同样隔离管控，对80后的大学生而言，还是心怀天下，先天下之忧而忧，整天关心着疫情的实时动态，当然，那时的信息是无法和现在比拟的，好在互联网还是普及

△ 油画《彩虹》(110cm×120cm)

的，除了看电视新闻播报，就是看着网易、新浪，总之是触及灵魂让人深思的，第一次思考人生意义到底是什么？

　　在当时第一次看到医护人员成为全民抗击非典的前沿阵地的英雄战士，也萌发出了想创作一幅歌颂天使们并能记录事件成为史实的画作，于是就不断构思，收集素材，勾画小稿，最终以具象表现的手法意象地表达出一群行走在雨中的护士面容轻松、步伐轻盈，隐藏其中忽隐忽现的担架上是空着的，在远处天际隐现出一道彩虹，对，作品就叫《彩虹》，寓意这场突然暴发的疫情犹如一场暴风雨，阳光总在风雨后，风雨过后彩虹现！这些在抗

◁2019年作品在北京中国国家画院展出现场得到靳尚谊先生驻足观看指导

△油画《红色记忆》（80cm×100cm）

△油画《顾村古镇》（80cm×100cm）

△油画《掠过楼顶的阳光》（180cm×150cm）

△油画《城厢遗韵》（150cm×150cm）

击疫情一线的医护人员犹如彩虹般美丽！

2004年入选第十届全国美展安徽省选拔展暨庆祝新中国成立55周年新世纪首届安徽美术大展，并于2019年在中国国家画院展出。

当然还有很多这样的创作案例，例如《红色记忆》画的就是龙岩苏维埃政权旧址，就是表达对建党周年庆的一幅红色主题作品，还有比如《顾村古镇》等一些反映上海老街镇风景风情的作品，旨在表达凝固在时空里的最朴实最真实的顾村镇老街街景一角的状态气息。

还有《掠过楼顶的阳光》《城厢遗韵》表现的是城市进程中的都市文化主题，同时入选2023年的第十二届上海美术大展。

正所谓艺海无边，学无止境，在这期间还得益于一些大家名师的指导、鼓励和肯定。

总之，紧握画笔，擦亮专业底色，做一名扎根人民、体验生活、热爱生活、感悟生活，能用画笔描绘并传递身边美好瞬间、美好空间、美好故事的新时代美术教师，正如习近平总书记所说"以大爱之心育莘莘学子，以大美之艺绘传世之作"！

第二节

拿好粉笔，立足课堂育人

　　课堂是教育的主阵地，是教师与学生交流思想、传递知识的场所。在艺术家型美术教师手中，粉笔不仅是一种书写工具，更是一种创造艺术世界的媒介。他们用粉笔勾勒出美丽的线条，描绘出多彩的图案，让学生在简单的黑白之间感受到艺术的无穷魅力。艺术家型美术教师深知课堂的重要性，他们立足课堂，用心教学，致力于将每一节课都打造成精品。他们通过生动有趣的教学方式，引导学生感受艺术的魅力，激发学生的学习兴趣和创造力。

　　以下便是笔者"拿好粉笔立足课堂育人"的两个教学案例设计与实践。

案例一

《时代强音》

教学设计

> 【教材选择】上海市普通高中《美术鉴赏（高一年级）》（上海书画出版社）
> 【执教年级】高一年级
> 【执教教师】上海市香山中学 宋海军
> 【单元概述】艺术当随时代，美术创作主题与民族兴盛的时代精神密不可分，感悟艺术家的社会责任感与民族自豪感。

　　本单元设计是对普通高中美术课程的必修教材《美术鉴赏》中的第二单元第九课《时代强音》一课的重构单元教学设计。旨在引导学生在鉴赏20世纪中国优秀美术作品的过程中，了解这一时期美术作品的时代特征与文化内涵，尤其是对特定历史时期的主题性创作、主旋律美术的鉴赏，知道主旋律美术创作的历史沿革、意义与价值及其新面貌，并能感悟艺术家的社会责任感和民族自豪感。理解美术创作主题与民族发展兴盛之间的密切关系，从经典作品中感受文化自信，并指导学生能运用美术语言、形式美的法则进行艺术创作，探索主旋律美术的创作过程，进而认识美术为社会发展发挥作用和做出贡献的重要意义。

　　在本单元的教学中，引导学生了解主旋律美术与时代背景和民族兴盛的联系。在对红色经典美术作品鉴赏学习的情境中，参与临摹色稿、勾画创作草图等各个环节的实践活动，获得图像识读、美术表现、审美判断、创意实践、文化理解的美术学科核心素养。

通过本单元的学习，有利于学生了解主题美术创作应有的社会功能、文化内涵，以及多样化的学习活动，能够选用适当的专业词汇对中国现当代美术作品进行鉴赏与交流，增加审美经验积累。随着国家的强盛，中国声音也被世界所关注，中国特色俨然成为一种时尚，通过美术创作奏响中国文化在世界领域的时代强音。

学习材料主要有：教材《田横五百士》《开国大典》《狼牙山五壮士》《钢铁·汗水》等作品资料、中国美术馆网站；补充《占领南京总统府》历史视频、《时代主题视频》《学生采访视频》；拓展学习相关美术作品与文化背景资料；创作草图绘作工具和材料等。

本单元安排：4课时

一、单元规划

研读标准	规划范围	□学年□学期☑单元	
	内容侧重	☑美术鉴赏□绘画□中国书画 □雕塑□设计□工艺□现代媒体艺术 □影视与数字媒体艺术实践	
	课程内容	必修课程	1.1
	教学材料	教材素材	上海市高中《美术鉴赏》高一年级第一学期的第二单元第九课《时代强音》
		补充材料	观看《占领总统府》历史视频、《时代主题视频》《学生采访视频》；拓展学习相关美术作品与文化背景资料；创作草图绘作工具和材料等
规划单元	单元综合主题	"画"说时代强音	
	单元总课时数	4课时	

二、单元教材教法分析

（一）教学材料结构

选用上海市普通高中美术教材《美术鉴赏》高一年级第一学期第二单元第九课《时代强音》内容，是基于此课内容重构的单元教学设计。本单元材料以教材内容为主，根据学科背景与学生研究学习展开的需要进行整合。同时增加与本单元涉及的主题性美术作品相关的纪录片、创作背景和相关的美术作品等，以帮助学生更好地理解单元主题，拓宽思路。

教学材料在选择过程中，要基于学习视角，能帮助学生拓宽视野，以有助于其开展研究学习。此外需要开放网络环境，帮助学生开展资料的收集、整理与提炼工作。

（二）核心内容

本单元是高中美术的必修模块内容，结合教师自身学科背景与特点，选择范例，引导学生在学习方式上开展探索和尝试，作品以教材内容和拓展材料的有效整合为主，通过小组研究学习，理解美术创作主题与民族发展兴盛之间的密切关系，从经典作品中感受文化自信，并指导学生能运用美术语言、形式美的法则进行艺术创作，探索主旋律美术的创作过程，进而认识美术为社会发展发挥作用和做出贡献，及其所具有的重要意义。

（三）单元教学策略与方法

本单元是高中艺术学习的必修内容，因此，在教学过程中要运用鉴赏、比较、综合实践等方式，创设基于真实生活的问题情境，激发学生艺术学习兴趣，引导学生观察、探索和理解各美术创作在现实生活中的意义与作用；引导学生从多种思维角度感受主题性美术作品表现时代精神的丰富性和关联性。本单元应以学生自主学习、调查、分析、描述、创作、展示、交流为主；应结合具体美术作品的鉴赏、学习和实践，由学生自主梳理探究，尝试运用主题创作的表现形式，从选择主题、收集素材、确定主题、勾画草图、创作表现等过程性地体验主题性美术创作，在实践中升华理解美术创作主题与民族兴盛的时代精神密不可分，感悟艺术家的社会责任感与民族自豪感，使所学知识结构化。教师应从互动性、表现性、个性化、数字化等方面准备教学资源，向学生提供有效的学习支持。

三、单元教学目标设计

（一）学情分析

学习基础：上海市香山中学是基于美术特色背景下的上海市美育特色

高中。高一年级新生，虽没有高中美术鉴赏学习的体验，但是有一定的美术表现和对绘画热爱的基础，以及小学和初中对于音乐、美术与艺术的学习体验，有一定的经验积累，初步掌握了美术鉴赏学习的方法。本单元内容更多是通过鉴赏学习的方式以达到图像识读、美术表现、审美判断、创意实践、文化理解，需要学生调动其对历史、文化等相关学科的知识积累，因此，需要教师在教学的过程中予以关注。

此外，可以引导学生充分自主阅读教材，这也是高中与初中学习不同的地方，在教学设计过程中，可以根据不同班级学生的学情进行适当调整。但特别需要关注的是，不要过多地将阅读时间花在仅仅关注美术的各类定义上，要从美术学科学习方式出发，通过感知、体验、模仿、创作等多样的方法与途径，引导学生理解单元主题与核心内容。

学习预期：通过范例赏析与研究学习，知道中国现当代的代表艺术家及优秀美术作品，了解不同阶段中国现当代美术作品的风格特点与创作原则，美术作品的时代特征与文化内涵，感悟艺术家强烈的社会责任心与民族自豪感，并能在此过程中形成美术鉴赏学习的思维方式。

（二）单元教学目标

1.知道中国现当代的代表艺术家及优秀美术作品，了解不同阶段中国现当代美术作品的风格特点与创作原则。

2.通过对作品主题的解读与画面形式分析，以及多样化的学习活动，能够选用适当的专业词汇对中国现当代美术作品进行鉴赏与交流，增加审美经验积累。

3.理解这一时期美术作品的时代特征与文化内涵，感悟艺术家强烈的社会责任心与民族自豪感，培养热爱祖国的纯正情感。

（三）单元教学重点与难点

【教学重点】

了解我国抗日战争时期 、中华人民共和国成立时期、改革开放时期，以及现当下各个历史阶段优秀美术作品的艺术特征、文化内涵和时代精神。

【教学难点】

理解各阶段优秀美术作品所体现的时代特征与精神内涵，并能在此基础上运用形式美法则及所学美术表现、创意实践进行艺术创作。

（四）单元教学目标分解

单元	课	学习栏目	学习内容	学习要求与水平
时代强音	第一课赏"历史回响"	情境导入	思考引导性问题：徐悲鸿为什么要创作《田横五百士》这件作品？他这幅画在当时又具有怎样独特的艺术价值？	1.能了解20世纪中国美术的代表作品和这一时期中国美术的主要发展历程。（图像识读、审美判断） 2.能了解代表艺术家的生平及作品创作的时代背景。（图像识读、文化理解） 3.能了解美术作品在题材上与现实生活紧密结合、在技法上推陈出新的风格演变。（图像识读、审美判断、文化理解）
		审美感知	通过鉴赏、交流等方式，识读这一时期美术作品的时代特征与文化内涵，了解特定时期美术创作的社会功能。	
		鉴赏案例	案例1：《开国大典》从细节描绘、人物形象、画面构图的角度来鉴赏。（记录历史瞬间） 案例2：《狼牙山五壮士》从画面构图、人物形象等角度鉴赏。（记录历史瞬间） 案例3：《钢铁·汗水》从细节描绘、人物形象等角度鉴赏。折射出改革开放给中国社会带来的新景象。（表现时代变革与发展建设）	
		体验活动	选择一件主旋律题材的美术作品，从美术语言的角度，谈谈你对这件作品的审美感受和理解。	
		反思评价	在知道美术创作主题与民族兴盛的密切联系后，进一步了解美术作品都承载着哪些社会功能？	
		拓展研究	1.进一步探究美术创作主题与民族兴盛密切的关系。 2.收集关于优秀主旋律美术作品《占领南京总统府》的特定历史背景、创作思想等相关资料。	
		建议课时：1课时		
	第二课析"重温红色经典，对'画'主旋律"	情境导入	交流上节课布置收集的资料，谈谈自己的收获。	1.能通过红色经典美术作品的赏析，了解艺术家表现历史主题画作的方法。（图像识读、审美判断） 2.知道美术创作主题与民族兴盛的密切联系，感悟艺术家的社会责任感与民族自豪感。（图像识读、美术表现、审美判断、文化理解）
		范例赏析	观看视频《占领南京总统府》了解当时那段珍贵的历史背景。比较欣赏陈逸飞、魏景山所创作的油画《占领总统府》与李前所创作的油画《占领总统府》的异同点。 从点、线、面、形、色等形式因素美以及形式因素组合美构成的艺术语言分析作品的美感。 探究如何运用美术创作语言将主题性生活素材表现得富有艺术性与典型性。	
		体验活动	根据平时所学运用水粉或油画棒。 根据所提供《占领南京总统府》高清图片以个人体验的形式，完成一幅八开小色稿临摹。 探究主题性创作中美术语言与现实的关联，探索节奏、色彩、结构等艺术语言对美术表现过程中的意义与作用。	

（续表）

单元	课	学习栏目	学习内容	学习要求与水平
时代强音	体验活动	反思评价	今天我们又该如何用视觉艺术作品来继承前辈的革命精神呢？我们又如何用手中的画笔描绘当下讴歌时代精神呢？	/
		拓展研究	小组讨论有哪些事件可以体现当下的时代精神，确定主题方向，收集素材用于美术创作。	
			建议课时：1课时	
	第三课"画"说时代强音	情境导入	艺术家是怎样确定主题、收集素材、借鉴经典、勾画草图、修改草图、完成作品的呢？从哪些方面或具体事件得以体现的。	1.艺术当随时代，能在多角度的审美体验中感受当下时代精神，美术创作主题与民族兴盛的时代精神密不可分。（图像识读、审美判断、文化理解）2.有像艺术家一样的思维，运用所学能选择反映现当下时代精神的主题创作实践体验。（图像识读、美术表现、审美判断、创意实践、文化理解）3.能感受自己创作的美术作品所隐含的文化内涵并能与人分享。（图像识读、美术表现、审美判断、创意实践、文化理解）
		范例赏析	1.抗疫精神 2.奥运精神 3.飞天精神 4.幸福生活 ……	
		审美感知	并结合前两课学习内容，理解对称与均衡、调和与对比、比例与尺度、节奏与韵律、多样与统一的形式规律，探寻形式美法则特定的表现功能和审美意义	
		体验活动	了解活动要求：请根据收集的素材选择某一组主题，"画"现当下的时代强音 1.确定艺术形式：用画笔勾画创作草图的方式 2.确定展示方式：平面作品展示、创作意图分享表述等 3.个人创作与小组合作相结合，创作"时代"强音草图	
		反思评价	思考艺术家是如何运用艺术语言艺术化地表现社会生活的？	
			建议课时：1课时	
	第四课"时代强音"主题创作展示	情境导入	了解本次展示汇报要求和评价的方法	1.能在图像识读中感受主题美术作品的美感。2.能在鉴赏学习和图像识读中做出自己的审美判断。
		展示交流	小组依次进行"时代强音"的艺术创意实践展示	
		反思评价	完成"时代强音"主题学习评价单	

（续表）

单元	课	学习栏目	学习内容	学习要求与水平
	第四课"时代强音"主题创作展示	拓展研究	选择一件反映时代主题的优秀美术作品、一个艺术门类或一种艺术现象，对其文化内涵进行深度学习，证明美术创作主题与民族兴盛的时代精神密不可分，感悟艺术家的社会责任感与民族自豪感	3.能在对特定主题进行美术表现实践活动中积极与同伴合作探究，在创意实践中分享与展示。4.能通过对艺术家的创作思想和艺术家的生平背景了解以加强和升华对美术作品内涵的文化理解。
			建议课时：1课时	

案例二

《人作与天开——中国古典园林艺术》
教学设计

　　本课紧紧围绕"中国古典园林艺术"这一基本主题展开问题探究，以"中国园

【教材选择】全国普通高中《美术鉴赏》高一年级（人民美术出版社）
【执教年级】高一年级
【执教教师】上海市香山中学　宋海军

林里的建筑有什么妙趣""园林的意境是如何形成的""中国园林叠山理水的技巧表现在哪些方面""中外园林是如何相互影响的"四个议题展开围绕学科核心素养的育人目标，创设情境切入课题，明确四个学习任务，教师引导分析有代表性的园林案例，预设问题进行分组探究学习。通过对中外代表作品的比较、讨论来认识园林艺术的造园特点，理解本课主题，达到教学目标，培养学生的图像识读、审美判断、文化理解等核心素养。

一、教学目标

　　知识与技能：通过本课的学习了解并认知中国古典园林艺术的形式特点、造园要素、造园手法以及造园观念，感受意境美，并了解中西古典园林

艺术的不同风格及手法。

过程与方法：通过教师PPT课件中的图片欣赏、播放视频、讲授、提问对话，学生们比较、讨论、反思以及适当的创意表现实践（勾画设计草图）来了解和体会中国古典园林艺术的形式特点、造园要素、造园手法以及造园观念等。

情感态度与价值观：通过本课学习，了解中国园林艺术的形式特点及造园观念，理解"自然美"与"人文美"的含义。使学生对中国古典园林艺术的悠久历史、艺术成就以及丰富的文化内涵有所了解。培养学生热爱祖国，继承和弘扬本民族的传统文化情怀。

二、教学重难点

教学重点：中国园林艺术的形式特点及造园观念

教学难点：如何去感受园林艺术中独特的"意境"美

三、教具学具

教具：PPT、实物投影仪

学具：学习单、图画纸、铅笔、水彩笔、橡皮等

四、教学过程

课序	环节	教与学的过程	教学资源
/	环节一：导入新课	【课堂导入】： （直接展示园林模型）设问：问"大家看一看这是什么模型？"然后PPT展示一张园林图片让同学看一看，聊一聊什么是园林？引出本节的课题。 同学们，今天这堂课，我们就一起来欣赏学习中国古典园林艺术。（板书：中国古典园林艺术）	多媒体PPT课件
欣赏思考	环节二：新课教授	一、园林的定义： 园林就是"在一定的地域运用工程技术和艺术手段，通过改造地形（或进一步筑山、叠石、理水）、种植树木花草、营造建筑和布置园路等途径创作而成的美的自然环境和游憩境域。" 园林的发展：商周（萌芽）——秦汉魏晋（形成）——隋唐两宋（发展）——明清（辉煌）	多媒体PPT课件黑板粉笔

（续表）

课序	环节	教与学的过程	教学资源
欣赏 思考	环节二： 新课教授	二、园林的分类 1.园林的分类（出示各类园林的图片） 中国的园林大致可分为： 中国古典园林 { 自然园林 { 名胜园林（杭州西湖、绍兴兰亭） 寺观园林（峨眉山报国寺、杭州灵隐寺） 人工园林 { 皇家园林（颐和园、承德避暑山庄图片） 私家园林（拙政园、留园） 2.造园的要素有哪些？ 　　造园的要素：建筑（亭、台、楼、阁等）、山石、池沼、花草、树木、幽径等。 3.造园的手法："叠山理水" 　　叠山理水是中国造园最基本的手法，随形就势，削低垫高，引水成池，筑土为山，使得园林景致山美如画，水秀如诗。叠山理水创造的山水景观往往可以再现大自然的亮丽风采，成为园林中的主景或形象标志，美不胜收，令人瞩目。如一位学者所言，建筑小品是凝固的美，园林绿化是含蓄的美，而叠山理水则是凝固美与含蓄美的完美结合。	多媒体 PPT课件 黑板 粉笔
讨论 归纳		4.造园的理念："虽由人作，宛自天开" 　　意谓园林虽是人工创造的艺术，但其呈现的景色必须真实，好像是天然造化生成的一般。强调园林造作应顺应自然，使人为美融入自然，构成大自然的一部分。 三、感受中国古典园林艺术之美 中国古典园林艺术之美主要体现在哪些方面呢？ 自然美、空间美、意境美 观赏方法的介绍： 　　既可边走边看，也可驻足小憩；可远看可近观，远可以放眼山光水色，近可以倾听风声鸟语。放慢脚步，细细品味园中的意境。 　　"意境"是中国造园艺术的最高境界，又是通过具体的元素和手法来呈现的。 （一）欣赏皇家园林的典范——颐和园（图像影片资料）并思考问题（提问并小结） 1.中国皇家园林中的建筑集中反映了儒家的什么思想？ 2.中国皇家园林具有怎样的艺术风格？ （二）欣赏私家园林的典范——拙政园（影片资料）并思考问题（提问并小结） 1.苏州园林寄托了文人士大夫怎样的情怀？ 2.园林的意境指的是什么？ 3.苏州园林融入了哪些中国传统文化？园林的布局上运用了哪些艺术手法来突破空间局限，创造丰富园景？	多媒体 PPT课件 黑板 粉笔 多媒体 PPT课件 图像影片

（续表）

课序	环节	教与学的过程	教学资源
讨论归纳	环节三：欣赏交流讨论归纳	**思想理念** 建筑设计受到了儒家思想的影响，处处显示了皇权至上的思想。／受道家"天人合一"思想的影响，建筑美、人文美与自然美巧妙结合，处处营造恬静、安详、舒适的自然氛围。 **手法色彩** 雕梁画栋、金碧辉煌、雍容华贵，具有浓厚的宫廷色彩，显示古代帝王纵情享乐的自私心理。／因地制宜，仿效自然，移天缩地，有限的空间里创造出无限的丰富的风景。	多媒体PPT课件
		四、比较中外园林的异同点 中国园林艺术的特点、与欧洲园林相比不同点。 【表】 类别／中国园林艺术／欧洲园林艺术 人与自然的关系／亲近与融合（天人合一）／征服和改造（人定胜天） 布局／自由灵活／轴线对称和几何形式 空间／假山起伏／大草坪铺展 景观／幽闭深藏／敞开式 道路／迂回曲折／笔直的林荫大道	多媒体PPT课件
体验点评	环节四：学生练习	作业内容：为学校园林勾画设计草图 作业要求： 1.能运用山石、水池、花木、建筑、石刻、路径等构景要素； 2.能体现中国园林"模仿自然山水"的特点和适当表达出"虽由人作，宛自天开"的理念。	图画纸、铅笔、水彩笔、橡皮等
	环节五：作业展示教师总结	（学生自评、教师点评） 在中国建筑体系中，园林建筑是综合性最强艺术性最高的一个门类，它综合了建筑、园艺、美术、音乐、文学、生态学等学科，兼有欣赏性和实用性。凝结了中国知识分子和能工巧匠的勤劳和智慧，突出地抒发了中华民族对大自然的热爱和对美好生活环境的向往。中国园林艺术在世界园林建筑中占有重要的位置，是世界三大园林体系之一，它以其悠久的历史、丰富的内涵和巨大的影响力被誉为"世界园林之母"。	黑板投影仪学生作品

比较中外园林异同表：

类别	中国园林艺术	欧洲园林艺术
人与自然的关系	亲近与融合（天人合一）	征服和改造（人定胜天）
布局	自由灵活	轴线对称和几何形式
空间	假山起伏	大草坪铺展
景观	幽闭深藏	敞开式
道路	迂回曲折	笔直的林荫大道

五、板书设计

一、何谓园林
二、造园要素：山石、池水、花草、树木、建筑、园路
三、分类 ｛ 自然园林
人工园林 ｛ 皇家园林
私家园林 ｜规模风格｜ ｜思想理念｜ ｜色彩手法｜
四、造园的手法："叠山理水"；造园的理念："虽由人作，宛自天开"
五、中国古典园林赏析
六、创意实践：作业设计

第三节
勤于钢笔，撰写教学论文

做一名与时俱进的艺术家型美术教师，不仅要有扎实的艺术功底和灵活的教学方法，更要勤于笔尖，通过撰写教学论文来不断提升自己的专业素养和教学能力。

撰写教学论文是艺术家型美术教师自我提升的重要方式。在论文的撰写过程中，教师需要查阅大量的文献资料，了解最新的教育理念和教学方法，它是一个实践、反思、再实践再反思的双螺旋上升模型，这本身就是一个学习的过程。同时，论文的撰写还需要教师进行深入的思考和分析，将实践经验上升到理论高度，这有助于提升教师的专业素养和思维能力。

勤于笔尖、撰写教学论文是艺术家型美术教师自我修养与提升的重要途径。只有不断地学习、实践、思考和总结，才能成为一名真正与时俱进的艺术家型美术教师，为学生的全面发展贡献自己的力量。以下是笔者撰写教学论文的两个案例。

案例一
高中美术鉴赏课融入审美体验的策略

摘要：开展高中美术鉴赏课时，应注重带给学生良好的审美体验，给其建设相应审美情境，从而促进美术鉴赏能力的提高。对高中生审美素养进行培养的重要途径就是美术鉴赏课的设立，充分挖掘其教育功能，有利于学生健全人格的形成。基于此，本文主要研究在高中美术鉴赏课中融入审美体验的策略。

关键词：高中美术鉴赏课；审美体验；策略

现阶段，进行高中美术教学时，大多数教师会将主要教学目标放在增强学生绘画技能，使其积极进行美术创作等方面，高中美术课程所具备的美育价值难以得到体现。高中美术鉴赏课的教学关键就是将美术作品鉴赏当作增加美育价值、增强审美素养的重要手段，促使学生通过美术学习感悟和体验美，促使学生审美能力的有效提升，一边观察和感知艺术作品，一边积累美术知识，最终在鉴赏美术作品的过程中不断优化审美体验。

一、高中美术鉴赏课开展现状

眼下，高中美术鉴赏课在具体实施方面依然存在诸多不足，其中大多数学校普遍存在的一个问题就是课程设置参差不齐。首先，虽然教育部给高中美术教学下达了明确要求，但是有部分学校并未将其落到实处，存在着不重视美术教学的问题；其次，很多学校现有的美术教学设备都不是很完善，很少有学校可以设立陶艺、书画等工作室[1]；最后，针对不同年级学生所设置的美术课程也不尽相同，有些学校甚至只给高一学生开设美术课，高二、高三的学生却没有。站在学生角度，帮助其获取美术知识的重要渠道就是美术鉴赏课，虽然多数学生都对美术鉴赏课充满兴趣，但是依然有少数学生轻视这门课程；站在教师角度，部分教师对美术鉴赏教学存在片面认知，不能积极备课，导致教学效果不甚理想。另外，美术鉴赏课堂上死气沉沉，教学氛围压抑，难以激发学生兴趣，很少有学生能够积极主动投入课堂学习中。虽然也有教师能够积极尝试改进教学方法，为学生营造愉悦氛围，但是却未能注入新鲜元素，因此不能带给学生全新感官刺激。

二、审美体验的形成

美术鉴赏的重点就是审美体验的形成，并且只有借助于美术作品才能实现这个过程。基于美术作品将鲜活历史展示给学生，向其诉说人类精神世界的情感话语。由此可见，美术代表着律动的生命、凝聚的诗意，及精神的贯注。进行美术鉴赏教学，需要教师将美术画面或符号还原为生动的结构，并将它们放置在一个新的世界中以进行体验。换句话说，美术就是一种基于人类视觉体验的文化产品。为了实现深入理解与感悟美术作品的目的，首先，要把静态视觉图像转变为生动灵活的生活动态，促使鉴赏者形成敏感的艺术审美；其次，培养审美知觉，凸显主动性、构建性特点。只有当主体感知结构和作品形式结构相匹配时，才能将主体有效纳入对象，从而在相互清晰和相互投射的背景下形成审美体验；最后，审美想象的产生需要情感的驱动，以挣脱时空的界限、语言的纠缠和思维的束缚，最终成为审美体验的"催化剂"[2]。审美想象形成后，人就会运用自身生活经验去改变艺术元素的状态，进一步形成特殊的审美效应。同时，进行美术鉴赏时，学生审美想象的深浅、正确性都直接影响其体验层次。基于此，便需要全面激发学生生活经验、审美体验，协同发挥相关积极因素的作用，促使学生走进审美佳境。

三、高中美术鉴赏课融入审美体验的策略

（一）基于美术鉴赏，培养学生审美心理

到了高中时期，学生的心理与生理发展初具稳定性，在学习压力越发沉重的情况下，便需要引导学生通过参与美术鉴赏课程，使其美术视野得到开阔，不断提升艺术修养，以便帮助学生消除不良情绪，有利于健康审美情趣的形成与发展。此外，通过开展美术鉴赏课，可引导学生深入认识与学习美术作品，知悉相关创作背景，激发鉴赏兴趣，促进美育认知能力的不断提高[3]。一方面，美术鉴赏课的开展有利于良好艺术审美情境的构建，引导学生从其中了解文化、历史、艺术等知识，使其思想认知更加丰富；另一方面，在美术鉴赏课程的学习中，能够点燃学生学习热情，缓解其学习紧张情绪，带领学生走进美术世界，无限延伸对世界、对艺术的理解，促使艺术情感和鉴赏素养得到升华。

（二）强化美术鉴赏意识，感悟意识魅力

新课改背景下，进行高中美术教学，还需教师注重美术知识的重点考查，特别是在高考前夕，由于承受着考试和升学的双重压力，学生很容易出现焦躁、紧张的情绪。开展美术鉴赏课程，主要是将鉴赏活动引入美术教育中，基于艺术鉴赏，来帮助学生缓解不良情绪，给其输入更多艺术文化。因此，在高中美术鉴赏课的具体教学中，还需教师有意识地培养学生的鉴赏意识，依托于鉴赏活动，通过课堂提问、趣味思考等方式来开阔学生的鉴赏视野[4]。例如运用现代化教学方法，如多媒体教学、微课教学等，将美术作品

和影像等资料有机整合到一起，通过多媒体技术展示艺术创作过程，促使学生形成直观且深刻的艺术体验，以此取得情感慰藉。以《心灵慰藉》这一美术作品的鉴赏教学为例，教师在正式开讲前，可先给学生播放适宜的背景音乐，营造浓郁教学氛围，便于更好展现作品特点，引领学生自由翱翔在艺术遐想之中，取得良好的审美体验。

（三）创新教学方法，感悟艺术真谛

在高中美术鉴赏教学中，需要教师注重创新教学方法，透彻研究教材内容，突破传统教学壁垒。例如根据学生实际情况，适时引入情境教学、合作学习等教学方法，围绕不同鉴赏内容，开展针对性教学，从而调动学生自主学习，感悟艺术学习乐趣，探究艺术魅力，促进自身的全面发展。以《印象主义绘画》的鉴赏教学为例，在带领学生解读"印象主义"时，通过精心设计导学案的方式，在课前导入环节给学生展示凡·高的作品《麦田上的乌鸦》，结合其创作背景，引导学生剖析画作特点，欣赏和感悟作品的意义。

（四）融入体验活动，促进美术鉴赏学习

高中生的审美能力还有待提升，不能有效鉴赏美术作品，此时需要教师多融入体验活动，结合美术作品的背景和内涵进行品鉴，有利于学生感悟美术作品的含义、构思和要表达的意蕴。以《民族文化的瑰宝》的鉴赏教学为例，欣赏中国古代瓷器是这节课的重要环节，通过对古代瓷器的鉴赏可以增强学生的学识，了解我国艺术瑰宝的发展。而学生是没有办法亲身体验古代瓷器的，教师可以利用多媒体教学设备，给班级学生播放一些与教学内容相关瓷器照片或是专家的点评，让学生能够直观地感受到古代人民的智慧。同时，教师还可以在课堂上给学生展示一些陶瓷工艺品，让学生近距离观看、触摸和欣赏，感受瓷器纹理和质感，更好地描绘古代瓷器的美，从而提升学生鉴赏能力。教师也能从瓷器的制作流程中感知美术带来的震撼，使学生从听觉、触觉、视觉三方面共同体会，增强对艺术品更加直观的感受。

（结束语）

综上所述，美术鉴赏课是高中美术教学中的重要组成内容，具有不容小觑的教学价值与影响，广大美术教师要付诸坚持不懈的努力，切实发挥美术

鉴赏教学作用。教师还须不断更新教学理念，积极探索全新教学模式，通过实践教学，引导学生树立正确审美观，依托美术作品鉴赏，增强自身审美意识，促使学生的审美体验更加丰富多彩。

参考文献：

[1]张月馨.试析高中美术鉴赏教学中的审美心理[J].美术教育研究，2019（16）：126-127.

[2]刘艳.高中生审美判断素养的培养策略研究[D].桂林：广西师范大学，2019.

[3]朱景磊.高中美术教学中提升学生审美能力的策略研究[J].中国民族博览，2018（12）：34-35.

[4]林军.高中美术鉴赏课融入审美体验的策略[J].华夏教师，2018（27）：45.

（此文曾发表于2020年第21期《中小学教育》）

案例二

浅谈高中艺术课中的 "对话式" 教学

摘要：核心素养背景下的高中艺术课旨在培养和提升学生的综合审美能力、艺术人文素养。"对话式"教学，即以对话为原则的教学，能很好地提高课堂教学的效率，提升高中艺术课的价值。本文通过对高中艺术课"对话式"教学的实践运用、方法策略的研究，达到培养学生综合审美能力，提高学生艺术人文素养、信息交流和自主学习能力以及主动体验审美的效果。

关键词：高中艺术课；对话教学；交流；自主学习

高中艺术课的课程是在以视听为感受的认知和体悟艺术形式美的基础上强化艺术范例的人文内涵及其表现的多样性，重视学生参与具有综合性艺术特征的多种实践活动，学科知识，不仅涵盖了美术、音乐、戏剧、影视、建筑、书法的艺术门类的专业知识还牵涉很多其他社会学科和自然学科的知识，为全面综合的审美情感体验与艺术实践中提升美学价值的学科。因此，为了充分发挥学生的主体作用，真正有效地培养学生审美愿望，激发学生的艺术审美潜能和审美冲动，积极主动地投入艺术教学活动的探究与学习，成为审美的主人，本人在课堂教学中尝试运用了对话式教学，颇有实效。

所谓对话式教学，就是以师生平等为基础，以学生自主学习探索为特征，以兴趣为核心，在教师指导下的师生和生生间的民主化的、互为主体化的学习活动。这种学习方法最能培养学生积极的情感和好奇心，能满足学生好奇探究的愿望，使学生掌握一定的知识经验和学习技能，体验收获的快乐。对话教学，是基于建构主义教学理论的一种现代教学模式，它包括五种内涵：民主的、平等的教学，沟通的、合作的教学，互动的、交往的教学，创造的、生成的教学，以人为目的的教学。

下面就结合笔者实际课堂教学案例一、案例二与大家共研在高中艺术课中"对话式"教学的实践运用：

一、生成话题——对话教学的前提

案例一：文艺复兴时期绘画艺术赏析课

课程导入：文艺复兴时期的绘画是西方艺术的一颗璀璨的明珠，是一个重要而又崭新的阶段。这一时期的艺术特点是怎样的呢？我们通过欣赏具体的作品来了解这一时期的艺术特点及延伸的人文内涵。同学们都听说过达·芬奇画鸡蛋的故事，今天我们就从"文艺复兴三杰"之一的列奥纳多·达·芬奇的作品谈起。知道《最后的晚餐》这幅作品吗？

学生：知道。

老师：好，谁能为大家来解读一下这幅作品呢？它的创作背景和艺术特色是怎样的呢？

问题是"对话式"教学的核心，"学贵有疑，小疑则小进，大疑则大进"（朱熹语）。一方面，师生围绕问题进行对话，层层深入，使问题衍生为知识表征或新的问题，而问题同时又成为师生关系的中介和对话体系的桥梁；另一方面，问题的迎刃而解又以师生间的适应与合作为基点。首先笔者以具体的作品欣赏解读为切入，展开视觉直观—理性分析—对话交流—问题延伸—结论验证—审美体验等诸多环节。

案例二：《给爷爷画个像》教学

课程导入："改革开放40周年"话题引入，改革开放40周年，祖国发生了翻天覆地的变化，感触最深的应该是我们的爷爷辈，他们是改革开放前后变化的见证者，也是贡献者，更是创造者。笔者以自己参观"纪念改革开放四十周年美术大展"，引导出一张"和爷爷在一起"的雕塑照片，再现了和爷爷在一起，听爷爷讲那过去故事的情景，爷爷的那个年代物资匮乏，为了给父亲和我们两代人创造幸福的生活而不辞辛劳地工作，尽管后来爷爷眼睛花了、头发白了稀疏了、眼角下垂、脸上爬满的皱纹仿佛就是刻进皮肤印记在骨髓上的道道年轮，但是透过爷爷慈祥的面容依然能感受到他那份宽厚的天地间无私的爱意。为了表达对爷爷的感恩之情老师为爷爷画了张像（教师出示范作，学生欣赏）。

老师：同学们，今天这堂课，我们就一起来给爷爷画个像。（板书：给爷爷画个像）说一说，想一想：爷爷的特征是怎样的呢？和同学们有什么不一样？

学生：（观察比较、思索讨论）

老师：好，谁能为大家来谈谈呢？这些特征又是通过哪些变化表现出来的？怎么变？

这一阶段主要是教师引导学生共同创设对话的情境，学生感知到情境中蕴含的有意义的问题，生成师生可以共同讨论的话题。

二、创造对话的氛围——激发学生的对话欲

案例一：文艺复兴时期绘画艺术赏析课

课件辅助：多媒体课件展示运用，图文结合介绍文艺复兴时期绘画艺术的历史背景、"文艺复兴三杰"、达·芬奇、《最后的晚餐》……

案例二：《给爷爷画个像》教学

课件辅助：多媒体课件展示运用，图文结合、现场对话交流、教师现场示范，从脸形、发型、五官表情、生活习惯物件特征（眼镜、烟斗、帽子

等）总结出爷爷的特征：……

这一阶段创造对话的氛围在对话式教学模式中师生间和生生间的真诚对话不是在任何时候都能有效展开的，对话离不开语言，而语言作为对话的媒介，需要在特定的情境中，触发学生特定的情感，激发学生积极的思维，才能使学习深入学生思维意识的深层。

三、对话交流——对话教学的中心

对话交流，是"对话式"教学的中心。一般可以分为师生对话、生生对话两种主要的形式。

师生对话，由各学生代表畅述自己的想法，教师或其他学生及时对发言做出相关点评，做出补充、质疑和评价。在讨论的过程中，教师一定要做好调控，让学生的讨论始终围绕中心话题，突出关键问题，教师不失时机地进行引导，师生共同对所学内容进行归纳，形成一致意见。

生生对话，在课堂上实施小组活动，使课堂气氛更加活跃，更利于学生全员参与，互相启发，分享经验；使学生在活动中学会交往与帮助，学会竞争与合作。

当然，在具体的生成和对话的过程中有这样几个层次：学生自己的心灵对话、学生小组内的对话、组际的交流及师生之间的对话交流等。在这里师生与生生群体的互动对话充分展开：

案例一：文艺复兴时期绘画艺术赏析课

学生1：达·芬奇这份作品取材于《圣经》故事，耶稣预知自己被叛徒出卖，在受难之前与其十二门徒共进庆祝逾越节的一顿晚餐时，他说出了"你们中有一个人要出卖我"的话，画面所描绘的正是耶稣说出这句话后引起门徒们骤然震动的场面。画面抓住了最关键而富有戏剧性的时刻，以耶稣为中心，十二门徒有规律地每三人分为一组分列在他的两旁，最左边是巴塞洛缪、小詹姆士和安德鲁，接下来是犹大、彼得和约翰，耶稣右边是托马斯、老詹姆士和菲利普，最右边是西蒙、达太和马太。他们有的惊奇地站起来，有的在沉思，有的愤怒地握着切面包的刀子，有的向耶稣询问，有的相互议论……而叛徒犹大手揣钱袋，侧着身，显出异常的惊恐。在这里，达·芬奇以绘画形式表现了丰富复杂的性格心理描写，画中人物强烈的身体姿势、手势与面部表情，真实地流露出他们的品德与个性。

老师：从画面的背景故事解读，很好，看看有谁有补充的吗？

学生2：在构图上，耶稣两侧门徒以三人为一小组，有机地结合起来，高低起伏，疏密交错，显得自然生动，富有节奏，打破了容易呆板的对称格局。其中，11个门徒虽然姿态和手势不同，但都有一种向心感，并且和耶稣一起都处在明亮的光照中，唯独犹大采取离心的姿态，且处在阴影中，象征叛徒阴暗与背叛的心理。处于中心位置的耶稣神情泰然，其头部与伸展的双臂构成稳定的三角形，也形成画面的核心。而从他背后窗子投射进来的光线则如同神圣的光环，罩在他的头上，突出了人物的庄严与神圣。

老师：不错，学生2从艺术特点做了补充，那么还有没有自己不同看法的呢？

学生3：前不久我看过改编自美国作家丹·布朗的同名小说的《达·芬奇密码》这部电影，其中就有解读这幅作品：在画作的左边偏下有一个不祥的姿势，一只挥着匕首的手从这群人中伸出来；仔细看看吧，这只手其实不属于这画中的任何一个人。耶稣右边的人，据说是女扮男装的玛利亚·抹大拉，并非福音书中的约翰。彼得，后来他将执掌教会。此刻的他在玛利亚·抹大拉的面前做了一个恐吓的手势，显示出他的嫉妒。"玛利亚·抹大拉"和耶稣靠坐在一起，上身向外分开，形成一个"V"字形，这是一个古老的代表女性及圣杯的符号；再仔细看，他们的坐姿也形成一个巨大而完美的"M"轮廓，那代表着婚姻（Matrimony）或抹大拉（Magdalene）。耶稣和抹大拉的衣服颜色是对应的。耶稣穿着一件红罩衣，披着一件蓝斗篷；抹大拉穿着一件蓝罩衣，披着一件红斗篷，一阴一阳互补。桌面上并没有什么物体，可能是圣杯或圣餐杯；只有盛酒的玻璃杯。

老师：全新的解读，的确在理，让大家重新认识了这幅作品。

学生2：那是小说的解读，有待考究……

学生3：且不说"达·芬奇密码"真实与否，但从《最后的晚餐》中我们确实看到了画中的图示暗藏的玄机，我觉得应该重新认识这幅作品，老师你认为呢？

老师：已有的知识我们要继承、了解、掌握，而探索、求是、创新的精神是非常可贵的，它能让我们不断革新、不断创造、不断向前迈进，你们的解读让我又重新了解了达·芬奇的这幅《最后的晚餐》，让作品光芒又一次映射出那应有的魅力。

好，我们看达·芬奇的另一张代表作品《蒙娜丽莎》（课件展示图片）。

学生4（举手）：老师，达·芬奇的这张《蒙娜丽莎》究竟有何传奇般的魅力呢？如何欣赏呢？

老师：《蒙娜丽莎》是意大利著名画家达·芬奇在1503年到1507年间创作的，它代表达·芬奇的最高艺术成就。成功地塑造了资本主义上升时期一位城市有产阶级的妇女形象。画中人物坐姿优雅，笑容微妙，背景山水幽深茫茫，淋漓尽致地发挥了画家那奇特的烟雾状"空气透视"般的笔法。画家力图使人物的丰富内心感情和美丽的外形达到巧妙的结合，对于人像面容中眼角唇边等表露感情的关键部位，也特别着重掌握精确与含蓄的辩证关系，达到神韵之境，从而使蒙娜丽莎的微笑具有一种神秘莫测的千古奇韵，那如梦似幻的妩媚微笑，被不少美术史家称为"神秘的微笑"。

案例二：《给爷爷画个像》教学

老师：同学们可以想想自己的爷爷，谈谈爷爷的特征是怎样的呢？和同学们有什么不一样？

学生1：我觉得爷爷的特征和我们最大的不同是岁月年轮折射在面部五官和肤质的不同，这些方面具体表现为头发花白稀疏、面部皮肤干瘪，脸部各个骨点突出，眉眼下垂，鼻子宽阔（鼻子和耳朵一直在"长大"，越老越大）。

老师：很好，看看有谁有补充的吗？

学生2：嘴巴皱缩（由于钙质流失，骨架缩小，皮肤松弛了导致皱缩，或者因为牙齿掉了而皱缩），五官周边皮肤皱纹多（由于钙质流失，骨架缩小，皮肤松弛折叠形成皱纹）。

老师：不错，学生2从内在代谢特点，并从钙质流失做了补充，那么还有没有同学结合自己爷爷的特征补充一二呢？

学生3：我爷爷曾经是一名人民教师，已退休在家，也许是因为职业原因，我爷爷有事没事饭后总是一副眼镜一张报纸静静地阅读片刻，而且阅读完以后总是会将一些内容摘读给奶奶听，一支钢笔总是插在胸口的口袋里，保持着执教时一贯的习惯。

老师：学生3从自己爷爷的职业背景做了全新的补充和解读，让大家重新认识了"爷爷的特征"。

老师：为了表达对爷爷的感恩之情，请同学们为自己的爷爷画张像并请分享交流一下你是如何表现出自己"爷爷的特征"的。

学生4（举手）：老师，我用快速表现的方式为我爷爷画了这张像，爷爷是位军人、性格刚毅、为人善良，虽然头发稀疏花白了，但依然保持着部队里的寸头发型；平日还时不时会立正、稍息、敬礼呢。

老师：爷爷的那个年代物资匮乏，为了给父亲和我们两代人创造幸福的生活而不辞辛劳地工作，尽管后来爷爷眼睛花了、头发白了、稀疏了、眼角下垂、脸上爬满的皱纹仿佛是刻进皮肤里，印记在骨髓里的道道年轮。但是透过爷爷慈祥的面容依然能感受到他那份宽厚的天地间无私的爱意。

……

"对话式"教学是建立在学生个体一定的知识与能力积累的基础上的，特别是需要学生有相关知识的积极的情感体验，所以，自学有很重要的意义。个人自学是一种学生基于自身的兴趣，在教师指导下，主动地获取知识、应用知识、解决问题的学习活动，因而是一种体验性、研究性的学习方式。

四、体验拓展——对话教学的深入

在这种平等的、民主的、宽松的氛围中，学生各抒己见、百家争鸣，思想的碰撞、观点的交融为课堂注入了活力，大大提升了学生学习的兴趣，增强了自信心。在课堂对话体验的基础上拓展课外，让学生真正自主地学习。

案例一：文艺复兴时期绘画艺术赏析课

作业布置：选择文艺复兴三杰中的另两杰，对其作品进行解读赏析。

案例二：《给爷爷画个像》教学

作业布置：用速写的方式为自己的爷爷画张像。

五、评价思考——对话教学的升华

评价是"对话式"教学中最有效的调节手段，在对话交流的过程中，教师一定要做好调控，让学生的讨论始终围绕中心话题，突出关键问题，教师不失时机地进行引导，师生共同对所学内容进行归纳。在与学生对话的基础上，让其互评、互议，对其中出现的代表性问题，教师也不急于讲解，而是通过学生互评、师生互评等手段来解决。

"对话反思"，主要是指教师要对整堂课进行全面的反思。反思的内容包括成功的做法、教学过程中的精彩之处、闪光点，也包括不足之处，还包括教师本人在教学过程中突现的灵感，学生在教学过程中提出的好问题及其见解，等等。教师还要指导学生课后对话，引导学生反思课堂中师生讨论的重要问题，领悟课堂中学习的重点内容，寻找出还没有弄懂的问题，主动去寻求新问题的答案。

著名教育家克林伯格（Klingberg.L.）认为：在所有的教学中，都进行着最广义的对话，不管哪一种教学方式占支配地位，相互作用的对话都是优秀教学的一种本质性标志，教学原本就是形形色色的对话，具有对话的特点。

(小结)

在核心素养背景下"对话式"教学更能有效地体现"立德树人，以美育人"的学科育人目标。在现代教育中考分不再是衡量学生唯一的标准。"一言堂""满堂灌""地毯式轰炸"把学生当作接受知识的容器、考试的机器，而教师总是把自己凌驾于课堂之上，唱着独角戏的教学模式严重阻碍了教育的发展。现如今新的课程给教师指明了教学方法更新的方向。新课标中首先确立学生在学习中的主体地位，还给学生一个自主的课堂；其次，营造宽松和谐的教学氛围，让学生在乐中学会学习；再次，教学要体现"教"与"学"的交往、互动，师生双方相互交流、相互沟通、相互启发、相互补充，在此过程中师生分享彼此的思考经验和知识，交流彼此的情感、体验与观念，丰富教学内容，求得新的发现，从而达成共识、共享、共进，实现教学相长和共同发展。

　　上述只是本人在教学实践案例中的一二，或有局限，还存在着许多不足。但"对话式"教学在高中艺术课中所体现出来的价值是很明显的，是行之有效的策略和方法。如学生从学习的被动状态转为主动，教学中教师和学生都具有对话的心态，坚持互动对话的原则，变传统师生不平等的权威依从关系为平等的、民主的师生关系，培养了学生的自尊心和自信心，促进了师生间情感的交融，为共同完成教学任务提供了保证；在学生学习方式上，学生从简单地乐于听从教师讲解、求得现成的答案转变为通过自己思考、表达、生生交流、师生对话来解决问题，并在一种宽松、愉悦的氛围中获得民主、平等与成功的体验。学生显示出较好的倾听能力和交际能力，能进行有效的沟通、合作、交流而共享他人的观点与想法；课堂发挥了学生的群体优势与个体间能力互补等。笔者相信今后"对话式"教学定能在课堂上有更大更好的发挥。

参考文献：

[1]钟启泉，崔允漷，张华.基础教育课程改革纲要（试行）解读[M].上海：华东师范大学出版社，2002.

[2]刘庆昌.对话教学初论[J].教育研究，2001（11）.

（此文曾发表于2019年第5期《基础教育论坛》）

第四节
坚守"心"笔，不忘使命担当

　　"心"笔便是指育人初心，是每一位教师踏入教育领域的初衷和信念。在快速发展的教育浪潮中，艺术家型美术教师作为培养学生审美情感和创新精神的重要力量，始终坚守着育人的初心，不忘使命担当。他们用自己的专业知识和艺术修养，为学生的全面发展贡献着智慧和力量。

　　对艺术家型美术教师而言，这份初心不仅是对美的追求和对艺术的热爱，更是将这份美和对生活艺术的热爱情感传递出去。他们深知，美术教育不仅仅是传授绘画技巧，更是培养学生审美情趣、创造力和文化素养的重要途径，最终达到以美育人立德树人的根本目的。因此，他们始终坚守着这份初心，用自己的艺术实践和教学智慧，引领学生在艺术的殿堂中感受美、创造美。

　　以下笔者便通过"立德树人"导向下的高中美术教育实践探究中的真实案例来加以说明。

案例
"立德树人"导向下的高中美术教育实践探究

　　摘要：随着核心素养背景下"立德树人，学科育人"教育思想与学生发展为根本的理念不断深化，如何在美术教学实践中很好地显现并落实新课标中的学科本体育人功能和目的是本文探究的初衷。美术教育绝不是仅仅局限在绘画表现技法的传授，而其核心应该是审美力、判断力、创造力以及想象力等方面的启智，注重对学生自信心的树立，重视学生综合素养的发展。本文从立德树人理念的内涵入手，对高中美术教学中立德树人的渗透策略进行了探究和实践，旨在帮助学生树立正确的人生观、世界观和价值观，促进学生的健康成长与长足发展。

关键词：高中；美术教育；立德树人；实践

△组织学校师生前往上师大美院参观瞿剑宛速写作品展并聆听专题讲座

高中阶段是学生青春期发育与"三观"形成的重要阶段，对学生的未来成长和发展有着十分重要的作用。AI时代背景下也使得学生在大量信息充斥和多元价值碰撞中极易迷失人生方向。因此，如何正确进行图像识读、美术表现、审美判断、创意实践和文化理解，注重对学生审美判断、品德素养的整体提升，恪守立德树人理念，就显得特别重要和具有时代意义。

立德树人包含了"立德"与"树人"两方面内容。其中，"立德"最早源自先秦时期的《左传》，其书有云，鲁国叔孙豹和晋国范宣子针对"死而不朽"一题进行探讨时，得出了以下结论：认为最善立德，次之立功，再次立言，此谓之"三不朽"。故而，"立德"指的是一个人拥有高尚的品格，并为后世所景仰，即具备优秀的思想道德素养。而"树人"最早出自《管子》，其书有载，一年之计在于种粮，十年之计在于植木，百年之计在于树人。由此可知，"树人"指的是对人才的全面培养。因此，立德树人的理念包含了"立德"与"树人"两方面的内容，要求个人既要注重自己的日常行为规范，也要全方面提升自身的品德修养，强调个人的德、智、体、美、劳全面发展。

笔者就从教学的三个方面探究高中美术教育中立德树人理念导向下的教学实践：

一、在美术鉴赏学习中提升审美判断力

首先，美术教育主要是通过鉴赏和创造教学来完成审美教育的，具体地说，审美教育的任务是培养和提高人们发现美、感受美和创造美的能力，端

正审美观念、审美理想和审美情趣，陶冶学生的性情，净化学生的情感，使学生更加热爱美、热爱生活。通过美术欣赏课，普及审美意识、加强审美认知、提高审美能力，正如乔治·桑塔耶纳所说："美感教育就在于训练我们去观赏最大限度的美"，让学生正确理解当今的社会美术环境已不再是"图画"时代，而是波及各个领域的视觉审美和创新理念下的时代前沿文化先锋，以达到转变认知观念和重新审视当今美术的含义。

其次，借助校外美术场馆和艺术展览资源引导学生参观、培养学生的兴趣，激发学生的潜能，在现实生活中，大多数人的眼光是用于实际生活目的的，尚未能锤炼出能给自己带来充分的审美愉悦的眼光。这就好比一座建筑，如果专注于它的使用面积、功能、配套，那是实用的眼光，如果观赏它的构成、造型、色彩，则是审美的眼光。在教学中，引导学生以审美的眼光观察环境、事物和美术作品的形式。同时，还要使学生理解并在具体的活动中体会诸如对比、调和、节奏、韵律，多样统一、对称、均衡等形式法则，使学生的审美意识得以强化，审美品位得以提升。审美教育可以为高中生提供不同的审美趣味与风格，提高文化素养和艺术鉴赏能力，提高他们对真、善、美与假、恶、丑的辨别能力，增强自身免疫力，升华审美情感，如鲁迅先生所说："美术可以辅翼道德，美术之目的，虽与道德不尽符，然其力足以渊邃人之性情，崇高人之好尚，亦可辅道德以为治。"

最后，利用美术实践活动让学生接触动手描绘的美术基础专业课，围绕并尊重艺术教育的规律，培养学生敏锐的观察力，对自然形态的理解和生动有效的造型表现力。以学生的成长发展为本，以新美术教育课程标准为纲，通过科学、严谨的教学，让每一位学生都具有特长，都有着自信、勤奋、目标远大的精神。

△带领学校美术特长小组学生前往上海美术馆观展学习

二、在美术表现的实践中树立自信心

在审美意识先行的基础上，进一步在美术表现的实践中树立学生的自信心，培养学生认识、理解、应变和主动处理画面的能力，注重个人理解后的表现力。笔者分别进行了素描、色彩、速写三门课程的校本设计，并设置了阶段性目标，以对学生进行及时评价。

1.素描：通过石膏写生、临摹进行理解头部结构特征，理解头、颈、肩的穿插和动态关系，教授学生从主动地理解几何结构入手到深入准确地刻画这一整体而又科学的方法和思维的方式，最终达到构图完整、结构形态比例准确，造型处理整体明确、有层次、画面富有一定的艺术表现力和感染力。在加强训练的基础上，阅读优秀示范画，直观地感受与比较，发现关键点，掌握正确的方法，从根本上理解掌握素描的方法和表现语言并独立完成作品。

2.水粉：利用水粉这种材料，通过写生、临摹和反复训练能熟练掌握材料的性能，重在让学生懂得色彩的本质在于以光色的原理为依据表现物象的"形""色"关系，懂得"色彩"与"颜色"两者概念的不同，理解并掌握基本的光源色、固有色、环境色之间的规律，强化色调意识，掌握并运用色彩的"四大对比"原理，牢记"形转色变"增强色彩的造型能力。最终达到构图饱满、完整，物象形体、比例、透视正确，冷暖等色彩大关系明确，体积空间层次分明，具有一定的艺术感染力和表现力。在素描的基础上，通过光色理论的分析，利用色彩关系表现形体空间，在加强训练的基础上，阅读分析优秀作品，直观地感受与比较，找到水粉表现的方法和规律，并能独立完成命题默写等。

3.速写：通过临摹、写生让学生了解并掌握人体比例和人体几何结构，以及运动的规律。要求以线为主，可辅以少量的明暗表现人物的动态、结构和形体，教学生发现和掌握其中一定的规律及表现手法，最终能达到构图适宜，比例、动态、结构准确，形体完整，用笔表现手法熟练。通过临摹，训练掌握表现的手法；通过写生，掌握动态比例规律；通过讲解，理解掌握表现的规律和方法；通过模拟训练，查摆问题，完善不足。

以实践为方法，注重对学生综合素质能力的培养，在一张白纸上从无到有地创造出一幅幅打动人心的美术作品，让学生丢失的自信心重新建立并越发坚定，使得学生在实际创作过程中，对自身的审美素养加以提升。而作为一名高中学生，其本身也须懂得自身理应具备的道德品质，通过美术表现的创作实践活动，达到立德树人的目的。

三、在选择美术专业的考试中获得成就感

在初入高中阶段以美术鉴赏为主的审美体验活动逐步建立和提升了学生们的审美判断力，拥有了对真、善、美与假、恶、丑的辨别能力，自然就有了美的品格；通过美术表现的实践体验活动，学习并掌握绘画专业基础的素描、色彩和速写等，用"术"来承载心中之美，学生在自己独立描绘的作品前自然而然就拥有了自信心和成就感，此时教育者抓住教育的契机引导学生树立发展的目标便在其心中播下了成功的种子。

案例：G同学出生在南汇地区一个普普通通的农村家庭，天生说话有些口吃，在文化学习中难免有些许障碍，尤其在阅读和交流中常常在同学的玩笑之余产生自卑情绪，中考成绩也是踩着录取线进入高中学习的，这无疑让他在初入高中的学习生活中一下子陷入了困局中，上课无精打采，下课也不知所措，家长和班主任都十分担忧。也许一切都是最好的安排，恰恰在这种情境下，我发现G同学在美术课上十分专注，目不转睛地看着多媒体上的一幅幅经典作品，倾听着一位位大师励志成长的故事，还时不时露出会意的笑容，我及时把这些情况和班主任进行了沟通后，想进一步让G同学选修学习绘画基础专业课。抱着试试看的心态，G同学来到美术专业教室，看着写生台、写生灯、画架、石膏、静物等目不暇接又好奇又兴奋，从如何削铅笔、握笔、观察到排线、临摹、写生，一笔一画点滴成长，从一张白纸到一幅作品的描绘无不是美育滋养心灵的过程，更是立德树人的自然渗透过程。时间一天天过去，美术教育的功能在一点点发酵，G同学画的素描静物在第一学期期末的迎新学生画展中获得优秀作品奖，开始沉默寡言的他变成了阳光开朗的大男孩……在接下来的学习中无论是专业课还是文化课似乎都有了自信心和原动力。相伴两年半的G同学顺利通过了高招美术专业考试，让人惊喜的绝非于此，而是他后来报考的专业，对天生略带有口吃的人来说，选择艺术教育专

业需要多么大的勇气啊！然而这就是美术教育的魅力。

这个案例中的G同学现如今已不仅是本区一位在职的优秀青年美术教师，而且已经成家立业！

（结语）

习近平总书记在给中央美术学院老教授的回信中说："美术教育是美育的重要组成部分，对塑造美好心灵具有重要作用。"所谓美术教育，即"审美"教育+"技术"教育="美术"教育。在美术教育过程中，美术本身只能是手段、条件和过程，而绝不是目的。而美术教育的目的，绝非从美术到美术，而是"立德树人，以美育人"，是从美术走向其他多元化发展和终身学习的诸多领域。因此，我们应当树立一种适应时代和社会需求的以培养学生核心素养为发展目标的现代美术教育观念，学校美术教育的具体任务和目标都应从此观念出发，并采取措施加以落实，从根本上树立起美术教育应有的地位，实现其真正的价值。

参考资料：

[1]瞿剑宛：《试论"立德树人"导向下美术教师的核心素养架构与培养路径》，2018年3月。

[2]瞿剑宛：《现代中小学美术教育"本原论"之探索》，2018年10月。

[3]中华人民共和国教育部：《普通高中美术课程标准（2017年版）》，人民教育出版社，2017年。

[4]中华人民共和国教育部：《义务教育艺术课程标准（2022年版）》，北京师范大学出版社，2022年。

[5]尹少淳：《尹少淳谈美术教育》，人民美术出版社，2016年。

（此文曾发表于2019年第6期《浦东教育研究》）

第五节

探索"芯"笔，紧跟时代步伐

在当今这个飞速发展的时代，无论是技术还是文化都在不断地更新和演进。对艺术家型美术教师而言，紧跟时代步伐，持续学习与创新不仅是职业发展的需求，更是培养新时代艺术人才的关键。

随着科技的快速迭代，人工智能（AI）已经逐渐渗透到各个领域，包括艺术教育。对于艺术家型美术教师来说，探索人工智能的应用，不仅是紧跟时代步伐的表现，更是提升教学效果、培养学生创新精神的重要途径。

一、人工智能在美术教育中的应用

人工智能在美术教育中的应用日益广泛，例如智能绘画辅助工具、艺术风格转换软件、虚拟现实（VR）艺术体验等。这些技术不仅可以帮助学生更好地理解和掌握绘画技巧，还能激发他们的创造力和想象力。艺术家型美术教师应积极关注这些新技术的发展，尝试将其融入课堂教学中，为学生带来更加丰富、多元的学习体验。

人工智能在美术教育中的应用已经展现出其独特的潜力和价值。以下是人工智能在美术教育中的一些主要应用：

1.图像生成与风格迁移：利用生成对抗网络（GAN）等人工智能技术，可以生成具有高度真实感的图像，并帮助学生理解不同的艺术风格、材质和色彩搭配。这种技术可以应用于艺术创作、设计和美术教育中，激发学生的创造力和想象力。

2.自动化绘画与辅助设计：人工智能技术可以实现自动化绘画，如自动描边、自动上色等，大大简化了绘画过程。此外，AI还可以辅助学生进行艺术设计，提供创新的灵感和方案。

3.图像修复与增强：AI技术可以用于图像的修复和增强，例如去除噪声、补全缺失部分、调整光照和色彩等。在美术教育中，这可以帮助学生修复和完善他们的作品，提升作品的整体质量和观感。

4.虚拟现实（VR）与增强现实（AR）艺术体验：结合VR、AR技术，学生可以在虚拟环境中进行美术创作，体验不同的艺术风格和材料。这种沉浸式的艺术学习方式可以打破时空限制，让学生更加直观地感受和理解艺术。

5.个性化教学：AI可以帮助教师进行更准确、更个性化的教学。通过分析学生的学习数据和行为模式，AI可以为每个学生量身定制合适的学习计划和教学方案，提高教学效果和学生满意度。

6.艺术作品分析与评价：人工智能可以用于艺术作品的分析和评价。通过深度学习和大数据分析技术，AI可以识别和分析艺术作品的风格、主题、技巧等特征，并给出客观、全面的评价。这可以帮助学生更好地理解艺术作品的价值和内涵。

总的来说，人工智能在美术教育中的应用为教师和学生提供了更多的可能性。它不仅可以简化绘画过程、提供创新灵感，还可以实现个性化教学、艺术作品分析与评价等功能。随着技术的不断发展，人工智能在美术教育中的应用将更加广泛和深入。

二、探索人工智能与美术教育的结合点

要有效地将人工智能应用于美术教育，艺术家型美术教师需要深入探索二者的结合点。例如可以利用人工智能技术对学生的绘画作品进行智能分析，为他们提供更加精准、个性化的指导；或者利用虚拟现实技术为学生打造沉浸式的艺术学习环境，让他们在虚拟世界中感受艺术的魅力。这些探索将有助于提升美术教育的质量和水平，培养出更多具有创新精神和艺术素养的人才。

探索人工智能与美术教育的结合点，可以从以下六个方面入手：

1.创作辅助工具：人工智能可以作为美术创作过程中的辅助工具。例如利用生成对抗网络（GAN）和深度学习技术，人工智能可以根据用户提供的草图或提示，自动生成多样化的艺术作品。这不仅可以帮助学生快速生成创意草图，还能激发他们的创造力，为后续的细化创作提供灵感。

2.风格迁移与混合：人工智能擅长于艺术风格的迁移和混合。通过算法，学生可以将自己的作品转换成不同艺术家的风格，或者将多种风格融合

在一起创造出新的艺术效果。这种应用有助于学生理解不同艺术风格的特点，并培养他们的审美能力和创新思维。

3.智能评估与反馈：人工智能可以对学生的美术作品进行智能评估，并提供针对性的反馈。通过深度学习和大数据分析，AI可以识别作品中的技巧、构图、色彩运用等方面，并给出客观的评价和建议。这种及时的反馈有助于学生发现自己的不足，并指导他们进行改进。

4.个性化学习路径：人工智能可以根据每个学生的学习进度、兴趣和能力，为他们定制个性化的学习路径。通过分析学生的学习数据，AI可以推荐适合他们的学习资源、练习和挑战，使美术教育更加符合每个学生的需求。

5.虚拟美术馆与体验：结合虚拟现实（VR）和增强现实（AR）技术，人工智能可以为学生打造沉浸式的艺术学习环境。学生可以在虚拟美术馆中欣赏经典作品、参与互动展览，甚至通过AR技术在现实世界中与艺术作品进行互动。这种体验不仅增强了学习的趣味性，还有助于学生更深入地理解艺术作品的内涵和价值。

6.跨学科融合实践：人工智能可以促进美术与其他学科的融合实践。例如，在科学教育中，学生可以利用AI生成的科学现象图像进行创意绘画；在文学教育中，学生可以根据AI生成的文本提示创作插图或漫画。这种跨学科的实践有助于培养学生的综合素养和创新能力。

综上所述，人工智能与美术教育的结合点涵盖了创作辅助、风格迁移、智能评估、个性化学习、虚拟体验以及跨学科实践等多个方面。通过深入探索这些结合点，我们可以更好地发挥人工智能在美术教育中的潜力，为学生提供更加优质、个性化的学习体验。

三、紧跟时代步伐，持续学习与创新

时代在变，美术教育的理念和方法也在变。艺术家型美术教师必须时刻关注行业动态和最新研究成果，了解当前美术教育的发展趋势和挑战。只有这样，他们才能确保自己的教学内容和方法与时俱进，满足学生的需求。

面对人工智能带来的教育变革，艺术家型美术教师必须紧跟时代步伐，持续学习与创新。他们应关注人工智能技术的最新发展动态，了解其在美术教育中的最新应用成果，不断更新自己的教育观念和教学方法。同时，他们还应积极参与相关培训和研讨活动，与同行交流经验、分享心得，共同推动美术教育的发展与进步。

为此艺术家型美术教师持续学习与创新的路径有如下六个方面：

1.专业深化：艺术家型美术教师应不断深化自己在美术领域的专业知识，包括绘画技巧、艺术理论、艺术史等方面。通过参加专业培训、研讨会，阅读专业书籍和期刊，他们可以不断提升自己的专业素养。

2.技术更新：随着科技的进步，新的绘画工具和教学方法不断涌现。艺术家型美术教师需要关注这些新技术的发展，学习并掌握如数字绘画、3D建模等现代艺术创作工具。

3.跨学科学习：鼓励美术教师探索与艺术相关的其他学科，如心理学、哲学、文学等。这种跨学科的学习有助于他们更全面地理解艺术，并将这些理解融入自己的教学中。

4.教学方法创新：尝试采用项目式学习、翻转课堂等现代教学方法，激发学生的学习兴趣和主动性。同时，利用人工智能技术辅助教学，为学生提供个性化的学习体验。

5.课程内容创新：结合当前社会热点和学生的兴趣点，开发具有时代特色的美术课程。例如可以围绕环保主题创作艺术作品，或者利用VR技术探索虚拟艺术世界。

6.评价体系创新：改变传统的以作品成果为主的评价方式，引入过程性评价、自评与互评等多元化评价方式。这种评价方式更能全面反映学生的学习情况，也有助于培养他们的批判性思维。

(结语)

持续学习与创新是艺术家型美术教师自我提升的不竭动力。只有不断地学习新知识、掌握新技术、尝试新方法，他们才能在美术教育的道路上越走越远，才能与时俱进。

探索人工智能、紧跟时代步伐是艺术家型美术教师未来发展的必由之路。只有将先进的人工智能技术与美术教育紧密结合起来，才能培养出更多具有创新精神和实践能力的艺术人才。

第三章

基础美术表现校本课程——速写进阶学习

引言

　　"以术塑形，以形承美，以美载德，以德育人"，是瞿剑宛导师在名师基地中对学员们一直主张的教育策略。针对当前学生美术表现能力面临的挑战，开发美术校本课程成为一种有效的解决方案。美术校本课程作为培养学生综合素质的重要途径，受到越来越多教育者的关注。美术校本课程不仅有助于提升学生的审美能力和创造力，更能够促进学生全面发展，为其未来的成长奠定坚实基础。

　　通过开发美术校本课程，我们可以有效地提升学生的美术表现能力。这种课程模式不仅符合学生的身心发展规律，而且能够激发学生的学习兴趣和动力，让他们在轻松愉快的氛围中掌握美术知识和技能。同时，美术校本课程还能培养学生的创造力和个性。因此，我们应该进一步推广和开发美术校本课程，让更多的学生受益。

·开发校本课程的意义

随着教育改革的不断深入，美术教育的地位和价值逐渐受到社会的认可和重视。美术校本课程作为学校教育改革的重要组成部分，对于提升美术教育质量、促进学生全面发展具有重要意义。而对艺术家型美术教师而言，参与美术校本课程的开发更是具有深远的意义。

首先，美术校本课程的开发为艺术家型美术教师提供了更广阔的创作空间。传统的美术教育往往局限于固定的教材和教学内容，使得教师的创造力和想象力受到一定的束缚。而美术校本课程的开发则鼓励教师根据学生的实际情况和兴趣爱好，自主设计和创编教材，这为艺术家型美术教师提供了展示自己才华和创造力的舞台。

其次，美术校本课程的开发有助于提升艺术家型美术教师的专业素养。在课程开发的过程中，教师需要深入研究美术教育的理念和方法，挖掘和整理本土美术教育资源，这不仅能够拓宽教师的知识视野，还能够提升他们的专业素养和教育教学能力。同时，通过与同行、专家的交流和合作，艺术家型美术教师还能够不断提升自己的课程意识和创新意识，为学校的美术教育改革和发展贡献自己的力量。

再次，美术校本课程的开发还能够促进艺术家型美术教师的个人成长。在参与课程开发的过程中，教师需要不断学习和探索新的教育理念、教学方法和技术手段，这有助于激发他们的学习热情和进取心。同时，通过反思和评价自己的教学实践，艺术家型美术教师还能够不断总结经验教训，提升自己的教育教学水平和创新能力。

最后，美术校本课程的开发也有助于推动学校的特色发展。艺术家型美术教师作为学校美术教育的重要力量，他们的参与和贡献对于形成具有学校特色的美术课程体系具有重要意义。通过将本土文化、民间艺术等元素融入美术校本课程中，艺术家型美术教师不仅能够传承和弘扬民族文化，还能够为学校的整体发展和教育改革注入新的动力和活力。笔者就以"速写进阶学习"校本课程为例展开叙述。

第一节
速写概述

一、速写的基本概念

速写是绘画中最便捷、最直观、最凝练、最灵活的一种表达语言。速写是作者对生活感知的瞬间形象记录，是情感抒发的视觉载体，是一种可以独立存在的美术表现形式。速写讲究"速度"与"书写性"，要求作者用速记的方式富有情感地描绘对象，记录生活，以画抒情。

速写是一种生活日记，速写要求作画者能够面对真山水、真花鸟、真人物，认真观察、仔细研究、用心体悟，从而概括提炼出自己的心中之形、心中之象。速写，注重画者走进生活，加深生活体验，记录生活感受，搜集创作素材，提高绘画技巧，从生活中汲取营养，陶冶情操，激发灵感，缘物寄情，提高敏锐的观察力、高度的概括力、迅捷的捕捉力、准确的表现力，也有利于培养作画者高尚的审美情趣和乐观向上的生活态度。

二、速写的工具与材料

物尽其用，物有其特，物有其奇、其精、其彩。不同的速写绘画工具都具有各自的艺术表现力。

铅笔，是常用的速写工具，作画圆滑流畅，线条具有粗细、深淡变化的效果。铅笔有软硬之分，有HB至14B，不同的型号的铅笔，其深浅不同，会产生不同的表现效果。

炭笔，色质深黑，表现力强，画在纸上画面黑白对比强烈、效果响亮。

钢笔，钢笔的线条粗细统一，黑白分明，线条挺拔有力、流畅，富有弹性，同时也有粗细变化的美工笔，其线条变化丰富，表现力强。

油画棒，质地松软，线条质朴、粗狂，造型概括，画面活泼、大气。

毛笔，墨线粗细变化多，富有韵味，有助于提高国画创作，但初学者不易掌握。

另外，速写的纸张也很广泛，不同的速写纸张、速写本、画夹等材料均具有不同的表现内容和表现力，适合于不同情景中的写生运用。速写材料的选择应该根据自己的喜好、表现对象的需要、携带的方便而确定。

三、速写的表现技法

速写的绘画语言丰富多样，不同的速写语言都有其独特的艺术表现力。速写的表现技法大致分为三种：以线为主的速写、以面为主的速写、线面结合的速写。

所谓"以线为主的速写"，是指以简练的线条捕捉对象，塑造对象的动态、结构、特征。所谓"以面为主的速写"，是指以块面塑造对象的形态、结构、特征，画面形象的塑造具有体积感。而线面结合的速写，则是介于上述两种表现技法之间，线条中有面，块面中有线条，线面结合的速写作品兼顾了上述两种速写技法表现的优势，因此，线面结合的速写，其画面大气，又精细、耐看。

第二节
速写进阶定级大纲

速写进阶定级是检测教师教与学生学的重要评价方式。进阶的目的在于提供教师与学生对教学与学习的结果性、过程性的客观评价。通过初、中、高进阶方式，既能够看到教师教与学生学的实践性、实效性；同时又能够及时反思和改进教师教与学生学的方法，提高教师教与学生学的有效性，进一步激发学生学习兴趣，发展其个性特长。

为此，基于学生基础的不同速写基础表现和速写内容与技法难易度的学习、掌握，我们遵循"因材施教""因材施学""因材施考"的编写原则，对初、中、高三阶段的速写学习内容、学习要求，做了明确的设计与说明，并设有详细的阶段目标完成参考标准，以利于教师与学生在"目标导向下"进行具体、有效的阶段教学与学习，从而有效提高教师教与学生学的实践性、指导性、实效性。

校本速写进阶学习大纲

级别	内容与要求	阶段完成参考标准	时间
初阶	造型简单的单个静物：水果、简单的小玩具、简单的学习用品和生活用具等 画纸规格：8开速写纸	1级：构图适合，不过于大而导致画面不完整，不过于小而导致画面空洞。形象描绘完整明确，不缺失，线条流畅，造型生动有趣	60分钟
	简单静物组合（1-2个物体）食物、玩具、学习用品、生活用具等。例如：蔬菜水果、桌子、椅子、食品、玩具、书包、小家电等。以单个或组合的形式出现 画纸规格：8开速写纸	2级：构图完整，大小位置得当，不过于大而导致画面不完整，不过于小而导致画面空洞。构图中要体现高低、前后、大小、遮挡、比例等关系 线条流畅肯定，造型生动有趣，结构完整合理	60分钟
	静物组合（1-3个物体）椅子、水壶、花瓶、农作物、玩具、水果、桌子、学习用品、生活用具等简单静物组合 画纸规格：8开速写纸	3级：构图完整。对于组合物体的构图要有主次，能够体现出高低、前后、大小、遮挡、错落、比例和空间等关系。造型生动有趣，结构合理，有细节的深入刻画，有疏密、虚实变化，前后物体正确穿插，线条流畅灵活	60分钟

（续表）

级别	内容与要求	阶段完成参考标准	时间
中阶	复杂静物组合：服饰、交通工具、学习用具、蔬菜水果食材、生活器皿、农作工具、盆栽植物等静物组合 画纸规格：8开速写纸	4级：构图完整、饱满、布局有疏密节奏变化。造型生动有趣，结构合理，整体感强，并有具体的细部刻画。线条灵活自然富有变化，有趣味性	75分钟
	小场景速写：庭院、居室、画室、校园、社区、独栋建筑等小场景 画纸规格：8开速写纸	5级：构图完整，画面有主次。整体与局部表现合理，有透视变化，空间感强。结构合理，造型生动，线条流畅，有疏密虚实，有细节刻画，工具使用具有表现力	75分钟
	风景速写码头、工地、公园、社区、校园、田野、古镇、农庄、都市等 画纸规格：4开速写纸	6级：构图完整，布局有设计感，画面有空间和节奏，画面有主次。透视基本准确，有疏密、虚实变化，线条流畅自然，工具使用具有艺术表现力	75分钟
高阶	人物半身速写画纸规格：4开速写纸	7级：构图完整，头部形象特征造型准确，能较准确表现对象手的动态特点与结构，衣服上的线条有穿插关系，线条自然流畅（描绘对象为：坐姿或站姿半身带手男女青年、中年或老年等）	90分钟
	单人速写画纸规格：4开速写纸	8级：构图完整，造型准确，能准确表现对象的动态、结构、比例等特点，落笔肯定，线条自然流畅（考试内容为单人男女老少静态或动态）	90分钟
	两个人物组合速写画纸规格：4开速写纸	9级：构图完整，能准确表现双人组合的整体与局部关系，两人物之间的大小、前后、左右关系交代清楚，两人的组合有故事性，人物的动态、比例、结构准确，线条流畅，造型生动，具有一定艺术表现力（考试内容为两人组合，考查处理两个人之间动作关系的把握与表现能力）	90分钟
	场景组合速写画纸规格：4开速写纸	10级：构图完整，能准确地表现人物与场景之间的关系，合理表现景配人或人配景。画面主题突出，有人物形象与场景的配合，有主次，造型生动、结构准确，人物与场景的透视合理，空间感强，线条流畅，工具使用具有表现力，画面有情景故事，有艺术感染力（考试内容为人物场景组合创作）	90分钟

第三节
静物表现

生活是艺术创作的唯一源泉。丰富多彩的生活，是学生观察发现与表现创造的源头活水。生活中的室内、室外，熟悉或陌生的景物、事物、人物，都可以成为我们的速写写生对象。

静物为速写初阶学习内容，因此，我们除了画自己特别感兴趣的对象之外，也可以从水果、桌子、椅子、水壶、花瓶、农作物、玩具、学习用品、生活用具等静物中挑选单个物体。写生时要挑选形象简单、特征明确的静物入手。这样便于初学者对写生物体的观察、发现、理解、概括与表现。

构图对速写初学者来说，初阶的构图要求比较简单，初学者能快速入门。首先要把速写的对象，单个静物放在画面合适的位置。此时，要注意物体在画面中的大小比例与位置。物体不要太大而导致顶天立地，撑满画面，造成物体表现不完整。同时，写生物体也不宜过小，造成画面空白太多而空洞。另外，在构图中，物体在画面中的上下位置也要注意，不宜过上或过下，而失去画面的平衡、美感。

此阶段速写的学习要求：形象完整明确，特征清晰。当我们把现实中的物象或是脑海中的想象，通过画笔呈现在画纸上，形象便产生了。那么，形象至少是明晰的、明确的。作画的人要在动笔前，首先明确想画的对象，学会整体观察的方法，抓住写生对象的基本形象特征与结构，然后起笔写生，一气呵成，记录对象，抒发情感。因此，初学者在写生时，首先要明确写生对象，学会观察，抓住形象的结构特征；然后再力求准确，逐步进行生动刻画对象，用笔大胆肯定、线条流畅，形象特征明显，造型生动有趣，写生时能体现出愉悦轻松的心情。

速写初阶的学习者在工具的使用和表现方面，选择铅笔、记号笔、水彩笔较为适合。速写的纸张可以选择纸质表面较为粗糙的，粗糙的纸张表面容易留住线条，画面效果好 。下面笔者以具体实例呈现。

案例一
静物单体速写表现
《照相机》速写示范

观察与构思：

　　记录瞬间的美。这组静物以照相机为表现对象，观察时要从机身的长方体和镜头的圆柱体进行整体的分析，然后再细致观察里面的细节结构和肌理特征，运用线的长短曲直变化进行细致刻画。构图上要饱满，避免画面太空。

步骤方法：

　　1.用铅笔线条确定照相机在画面中的大小与位置，用水笔画出照相机大体造型，注意构图完整、饱满。

　　2.画出照相机的机身、镜头和背带、镜头上的条纹、各种按钮等。

　　3.增加细节丰富疏密线条变化，完成画面。

学生作业点评：

　　1.家里打扫卫生的吸尘器也作为同学观察表现的对象，吸尘器各部分的比例结构合理，形象生动有趣味。对于细节也能深入表现。

　　2.钥匙手表是该同学生活中随身携带的小物品，也引起了该同学的关注。该同学的观察力很强，表现出丰富的细节和物体的立体感。画面也体现了前后主次关系。

3.该同学能很好地表现两个长毛绒玩具的前后关系，疏密得当，构图饱满。用于表现长毛绒玩具质感的线条也很有变化，使毛绒玩具有一种柔软的质感。

案例二

静物组合速写表现
《书桌一角》速写示范

观察与构思：

发现并挖掘生活中平凡之美的能力是我们每一个喜爱绘画的人必须具备的能力。这是一张摆满了书画用品的书桌，桌上物品种类繁多，看似凌乱却充满了浓浓的艺术气息。面对这样复杂的场景不要被吓到，只要从整体观察找到大体外形特征和相互间的前后及大小关系，从一个局部开始静下心来细致观察逐个突破便不是难题。

步骤方法：

1.用铅笔线条确定书桌在画面中的大小与位置，用水笔勾勒出几条弧线和支线，确定前面瓷盘和后面置物架、墨汁瓶的大小位置。

2.深入刻画细节，注意物体间的前后关系和结构线条的穿插，以及块面厚度的塑造。

3.丰富桌面的物品，深入刻画细节，注意线条的疏密节奏。丰富画面，调整完成。

学生作业点评：

1.这位同学在表现这组静物的时候非常认真地观察了每种水果的外形和表皮纹理，将肌理做了适当的夸张处理，形成好看的纹样，肌理用点和线做了不同的处理，画面丰富有节奏。具有不错的装饰效果。

2.锅碗瓢盆交响曲，这幅速写以厨房中常见的厨具为表现对象，造型生动、线条流畅有变化，不足之处是构图有些平，缺乏空间前后变化的艺术效果。总体来看很符合厨房的主题。

3.这幅速写对不同鞋子做了深入的观察和生动的刻画，线条丰富有变化，不同材质不同花纹的处理为画面增加了趣味性，构图饱满传递出浓浓的生活气息。

第四节
风景表现

　　风景为速写中阶学习内容。通常风景可以分为小场景和大场景。

　　首先，以小场景为例：速写庭院、居室、画室、校园、社区等小场景。此阶段速写内容构图要求较以往有较大变化，表现题材，要求构图完整，画面有主次，整体与局部表现合理，有透视变化合理，空间感强。作画时要始终把握整体到局部、再到整体的观察表现方法，一开始可以用铅笔线条轻轻概括地勾出物体在画面中的大小与位置、前后关系，再从局部开始刻画。注意构图要突出主体，画面要有节奏变化；结构合理，造型生动，落笔肯定，线条流畅，有疏密虚实，有细节刻画。养成理解形体结构再落笔的良好写生习惯，在速写写生的过程中，不断寻找各部分相互间的关系，善于观察与思考，能够主观处理，可适当夸张结构衔接点，准确把握物象空间的形态特征与结构，以及近大远小的透视变化是五级速写学习的重点内容。在工具的使用和表现上，为了追求速写作品的不同艺术表现力，善于探索运用毛笔、水笔、"双头软笔"等不同的绘画工具进行写生表现，从而让自己的速写作品有与众不同的画面效果。

　　其次，以大场景速写为例，如码头、工地、公园、社区、校园、田野、古镇、农庄、都市、街道等。同样要求构图完整，布局有设计感，画面有主次，透视准确，有疏密虚实变化，线条流畅自然，工具使用具有艺术表现力，把生活中常见的景物转化为生动画面语言。作画时要始终把握整体到局部再回归到整体的观察表现方法，一开始可以用铅笔线条轻轻概括地勾出物体在画面上大体的位置和前后关系，注意透视关系，再从局部开始刻画。注意构图要突出主体，画面要有节奏变化。

　　此阶段速写不仅要求结构合理准确，也要注意对形象的细节刻画，通过对生活客观事物的观察与分析，了解物体的透视规律，并在作品中加以体现。养成理解形体结构，再落笔的写生习惯，在画速写的过程中，不断寻找各部分相互间的关系，并可适当夸张结构衔接点，准确把握物象空间的形态特征以及近大远小的透视变化。笔者下面以具体实例呈现：

小场景速写表现
《玉兰花开》速写示范

观察与构思：

白玉兰是上海市的市花，它象征着一种开路先锋、奋发向上的精神。这幅作品以白玉兰作为绘画的主体，传达出一种生机勃勃的精神寓意。构图上注意两个枝干的布局穿插，避免平行或90°角的出现，可适当放大玉兰花的体积与背景建筑形成对比。

步骤方法：

1.用铅笔线条确定对象下画面中的大小与位置，用"双头软笔"从最近的一枝玉兰花开始画起，注意花瓣和花瓣的外形特征，发挥软笔可粗可细与毛笔相似的特性，注意线条的流畅和粗细变化。

2.依次往后画出枝干的穿插和空间，树枝的线条要有力度，和花朵的曲线区别开来。

3.利用软笔特点利用线条的粗细适当表现光影和明暗结构，加上背景建筑和门窗细节，利用方形和拱门丰富画面效果。

学生作业点评：

这是一幅表现室内餐厅景象的速写作品，构图巧妙，桌椅的造型和前后组织很生动，飘动的窗帘营造出一个温馨又休闲的场景。不足之处是长线不够肯定和流畅，吊灯的细节刻画还不够合理。

这幅水墨速写以江南古镇的老房子作为主体，小同学在画前进行了细致的观察，房屋前有一棵老树和石凳，上面还摆放着碗，非常具有生活的气息。这幅作品构图饱满，墨色丰富，用笔放松，有写的意味，如果在右边墙面空处落款做些文字记录，整幅画会更加完整。

案例二

大场景速写表现
《前滩风景》速写示范

观察与构思：

都市美景多。这张图取景于黄浦江边的前滩码头，前方的摆渡游轮作为画面的主体，后方是宽阔的江面与滨江成一个大大的弧形十分好看。在构图时有意将天空的体积压缩，地平线提高到画面上方，使构图更加好看，具体刻画时可用整体到局部的画法，亦可直接从主体入手直接刻画，最后加上远处的景物。

步骤方法：

1.用铅笔线条确定前滩码头在画面中的位置，用水笔从画面主体摆渡游轮着手，用钢笔先画出船的外形再刻画门窗等细节。

2.近大远小画出码头和江面的空间和透视效果。此处细节较多注意从前往后画，理解结构再着手刻画才能繁而不乱。

3.加上远处的城市建筑，注意高低错落和疏密节奏。最后适当加上阴影线增加空间对比，调整完成画面。

学生作业点评：

1.这幅表现上海世博会香港馆的速写作品，作者对展馆的外形和结构材质做了细致深入的观察和刻画，并添加了参观的人群和树木，画面构图饱满，有节奏疏密变化。

2.这幅表现江南水乡的作品构图饱满，石桥造型刻画生动，不足之处是右边建筑屋顶构图缺乏变化，适当增加画面节奏会更好。

3.这幅速写作品以多伦路上的场景作为表现对象，构图饱满，造型生动，用笔流畅。该同学大胆在铅画纸上用毛笔进行表现，有独特的表现效果。

第五节
人物表现

　　人物为速写高阶学习内容。人物速写是培养绘画者观察能力、概括能力、表现能力最为重要的造型表现内容之一。人物速写需要了解相关的人体比例、人物动态透视、"一竖、二横、三体块"、脸型轮廓特征、五官结构、"三庭五眼"、五官与表情关系、衣裤褶皱线条的穿插、手部与脚部的结构等知识与写生步骤。

　　首先，从对象为坐姿或站姿、半身带手男女青年、中年或老年入手学习，此时要注意人物在画面中的大小比例和位置，不要过大而撑满画面，也不要过小而空洞。在视觉上要达到平衡感和整体性。此阶段学习要求：构图完整，比例透视准确，造型合理，能较准确表现对象特征，作画大胆，落笔肯定，线条自然流畅。半身像的结构，是指上半身的人体结构、脸部结构、衣服褶皱线条的穿插、手部结构等能够合理表现。在工具的使用和表现上画人物绘画的工具很多，有铅笔、钢笔、炭笔、毛笔、水性笔、记号笔、擦笔等，不同的绘画工具都有其独特的艺术表现力，学会选择绘画工具，合理表现人物形象显得十分重要。

　　其次，在掌握了半身像学习的基础上，绘画的对象可以更加复杂，增加下半身，以及脚部的内容。在写生时，需要由整体到局部，再回归到整体的写生方法。对头部、手部、脚部以及衣裤褶皱的线条穿插能够合理表现。构图要求：速写的对象为单人物静态速写，此时要注意人物在画面中的大小比例和位置，不要过大而撑满画面，也不要过小而空洞。人物重心要稳定，视觉上达到平衡感和整体性。此阶段速写学习的要求：构图完整，造型准确，人物动态、比例准确，重心稳定，抓住对象特征，落笔肯定，线条自然流畅。全身人物的结构，是指人物的头部、上身、下身、手部、脚部，以及衣裤的褶皱穿插的合理表现。其中，头部结构包括脸型、发型、五官的结构表现。在工具的使用和表现上，速写使用的工具材料简便，一支笔一张纸就可

以了。笔的种类很多，有铅笔、钢笔、炭笔、毛笔、水性笔、记号笔等
等。每种笔都会体现独特的艺术效果。纸张的种类也很多，但不宜选择太光
滑的。一般情况下不提倡反复地擦改，鼓励孩子在速写中养成大胆果断的
品质。

然后，我们在学习完全身人物内容后，就进阶到人物组合的造型表现。
因此，高阶的速写要求难度有了明显提高，不仅需要绘画者能够准确描绘单
个人的人物动态形象，又要兼顾两个人的整体性组合。考虑到两个人的大小
比例，前后、上下以及遮挡关系。构图九级的构图要求：两个人物在画面中
的大小比例、前后、左右、上下的位置关系合理，人物不要过大而撑满画
面，也不要过小而空洞。两个人物的透视要准确，视觉上达到平衡感和整体
性。人物组合速写，在结构表现上，尤其要注重对双人的动态、人物头部、
四肢、衣裤褶皱穿插的整体性合理表现。对头部中的脸型、发型、五官、表
情要加以具体刻画，透视关注对手部、脚部的结构表现。

高阶最后是人物场景速写，人物场景速写注重画面的故事性表现。为
了说明画面中的故事发生什么地方，丰富画面，深化作品的主题思想，而给
人物配上适合的场景。人物场景速写主要有两种表现方法：一种是人物加场
景，画面的主体是人物，场景起到烘托作用；另一种是画面的主体是场景，
人物作为点缀，如火神山医院的高地建设，速写场景。人物与人物、人物与
场景的最佳配合是高阶学习的关键内容。构图要求：人物与人物、人物与场
景的合理配合。关注学习突出人物为主体的人物加场景的配合，以及突出场
景为主体的场景中配上人物做点缀，烘托画面气氛。人物与场景在画面中的
大小比例和位置，不要过大而撑满画面，也不要过小而空洞。人物、场景的
配合要得当，视觉上达到平衡感和整体性。人物场景速写，人物的结构表现
与九级速写的学习要求大致相同，但是，在人物的虚实表现上，要根据场景
的主次而定，假如画面中以场景为主体，那么，人物淡化细节刻画；反之，
需要具体刻画人物。描绘场景时要关注透视变化与人物的大小比例关系。下
面是笔者以具体实例呈现。

案例一

人物半身像速写表现
《坐姿中老年（女）》速写示范

观察与构思：

这是一位中老年女性环卫工人。脸上已镌刻着岁月的沧桑，不仅见证了城市的变迁，更是直接参与了城市变美的建设。观察其体态形象，虽不再青春曼妙，但仍然健康祥瑞，透着劳动人民的淳厚与朴实的魅力，因此，要注意头和背部线条的位置关系才能体现其体态特征。面部和手部特征明显可以加强刻画，注意人物在画面中的位置。

步骤方法：

1.用2B的铅笔在画纸中确定出环卫女工的大小、位置、比例和动态形象特征。

2.用中性的木炭笔，从人物头部开始"写"、画，先确定发型特征，再勾画五官特点，依次从眼睛、鼻子、嘴巴最后勾画脸型并添画耳朵。确定出手的整体外形特征，再依次勾画出手指关节及手中道具。

3.抓住人物的特征，用软性的木炭笔画出躯干并按"节奏"审美规律，依次添加褶皱牵拉线等完成画面。

学生作业点评：

1.这张速写采用纯粹的线描形式表现，构图合理，动态比例尚可，人物形象生动、线条流畅，简洁明了。

2.该同学作业人物动态比例准确，构图合理，线条流畅，表现形象生动，是一张优秀的作业。

案例二

单人物全身速写表现
《站姿男青年》速写示范

观察与构思：

此图例是一位青年。穿着时尚还戴着一副眼镜，正是求知求学的黄金时期。观察青年的体态，挺拔俊朗朝气蓬勃，注意头、颈、肩和背部重心线条的位置关系才能体现人体动态特征。面部和手部加强刻画，注意人物在画面中的位置。

步骤方法：

1.用2B的铅笔在画纸中画出站姿男青年的大小、位置、比例和动态形象特征。

2.用中性木炭笔画人物头部开始"写"、画脸型、发型、五官。抓住人物的特征，用软性的木炭笔画出人物的躯干和四肢，注意衣服褶皱线条的穿插关系。

3.按"节奏"审美规律，依次添加褶皱牵拉线等。调整画面整体，丰富画面效果。

学生作业点评：

1.坐姿人物构图合理、动态比例准确，线条疏密得当，有一定表现性。人物形象生动鲜活，是一张优秀的作业。

2.该同学这幅带有动态单人速写作业构图合理、人物动态比例准确，线条疏密组织得当，是非常不错的作业。

案例三

人物组合速写表现
《工友双人组》速写示范

观察与构思：

城市的繁华离不开工友们的建设，如同候鸟般栖居往来于各个城市间，我们总能在车站见到他们朴实的形象。此图例就是在上海南站候车室外的两位农民工在坐等归途的车辆，左侧坐在行李上的工友焦急盼望车辆，右侧工友则席地而坐略显倦意，朴素的装扮、疲倦的面容都将其背后真实身份展现在我们面前——中国农民工。

步骤方法：

1.用2B的铅笔在画纸中画出坐姿、蹲姿男中年组合的大小、位置、比例和动态形象特征。并用中性的木炭笔，从左边坐姿男中年人物头部开始"写"脸型、发型、五官与表情。

2.抓住人物的特征，用软性的木炭笔，进一步依次表现出躯干、四肢和衣裤褶皱。

3.再依据主次前后关系画出右蹲姿男中年，再按"节奏"审美规律，依次添加褶皱牵拉线以及道具等调整画面整体，丰富画面效果。

学生作业点评：

1.该幅双人组合场景速写构图合理，人物动态比例准确协调，线条疏密组织得当，节奏明确，人物形象生动，很有故事画面感，是一张优秀作业。

2.该幅双人组合构图合理，人物动态比例准确，前后主次虚实得当、画面节奏表现优美，是张不错的作业。

案例四
人物场景组合综合速写表现
《市井擦皮鞋场景》速写示范

观察与构思

　　市井文化可以说是城市发展进程中极具人气和生活气息的窗口，剃头、磨剪、擦皮鞋等都聚集了底层劳动人民热爱生活的温暖情怀。此图例为擦皮鞋的一个场景，前者擦皮鞋的劳动者为女性，朴实勤快，来擦鞋的中年男子架着副眼镜流露出浓浓的文化气息，后面穿梭的行人和错落的景物构成了浓浓的生活画面。此画采用"S"形构图。

步骤方法：

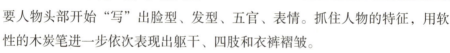

　　1.用2B的铅笔在画纸中画出场景一角中人物组合的大小、位置、比例和动态形象特征。
　　2.用中性的木炭笔，从前面主要人物头部开始"写"出脸型、发型、五官、表情。抓住人物的特征，用软性的木炭笔进一步依次表现出躯干、四肢和衣裤褶皱。
　　3.按"节奏"审美规律，依次添加褶皱牵拉线以及道具等。

学生作业点评：

　　1.该同学这幅双人组合场景速写构图合理，人物形象生动鲜活，线条大胆松动，前后主次虚实得当、画面节奏表现优美，是张不错的作业。

　　2.该同学这幅双人组合场景速写表现的是地铁站情景，人物形象生动鲜活，用线大胆松动，构图合理，人物动态比例准确，有故事现场感，是一张优秀的作业。

第四章

学生美术表现与创意实践

引言

　　在当今多元化的教育体系中，美术教育以其独特的育人价值，日益受到重视。学生掌握美术表现能力和实践，不仅关乎个体的艺术修养，更在深层次上影响着他们的创新思维、审美情感以及跨文化交流能力的培养。本章旨在探讨学生掌握美术表现能力和实践的深远意义，并阐述其在个人发展和社会进步中的重要作用。

第一节
美术表现能力的培养与学生个体发展

美术表现能力是学生艺术素养的重要组成部分。通过系统的美术学习和实践，学生能够提升对色彩、形状、构图等视觉元素的感知和运用能力，进而在创作过程中表达自己的情感和思想。这种表现能力的培养，不仅有助于学生形成独特的审美视角，还能够激发他们的创造力和想象力，为个体的全面发展奠定坚实基础。

一、美术表现能力的重要性

美术表现能力是指学生通过绘画、雕塑、设计等艺术手段，将自己的想法和情感有效表达出来的能力。这种能力的培养不仅有助于提升学生的艺术素养，更是对其个性发展和情感表达的重要支持。在美术教育中，学生通过不断创作和实践，学会了如何将自己的内心世界与外部世界相连接，进而促进了其认知、情感和社交能力的全面发展。

其重要性具体可从以下五点进行阐述：

（一）促进个人全面发展

美术表现能力是个人全面发展中不可或缺的一部分。通过美术创作，人们可以表达自己的情感和思想，培养审美情趣，提高艺术修养。此外，美术表现能力还能帮助人们开阔视野，增强对多元文化的理解和尊重。

（二）锻炼思维能力

美术创作需要运用想象力和创造力，这些思维活动有助于锻炼人们的思维能力。在创作过程中，人们需要不断发现、思考和解决问题，从而培养分析、综合、判断等思维能力。这些思维能力在日常生活和工作中同样具有重要作用。

（三）培养创新精神和创造力

美术表现能力是激发创新精神和创造力的源泉。在美术创作中，人们需要打破常规，尝试新的表现方法和形式，这种勇于探索的精神对于培养创新力和创造力至关重要。一个具有创新精神和创造力的人，能够在各个领域发挥出色的才能，为社会进步做出贡献。

（四）提升审美素养

美术表现能力与审美素养密切相关。通过欣赏和创作美术作品，人们可以提升自己的审美素养，学会发现美、欣赏美、创造美。审美素养的提高有助于人们更好地理解世界，感受生活的美好，提升生活质量。

（五）增强社会竞争力

在当今社会，具备美术表现能力的人才在各个领域都具有较高的竞争力。无论是设计、广告、传媒还是教育等行业，都需要具备一定美术素养的人才来推动行业的发展。因此，拥有美术表现能力可以为个人职业发展带来更多机会和可能性。

美术表现能力在个人全面发展、思维能力锻炼、创新精神和创造力培养、审美素养提升以及社会竞争力增强等方面都具有重要意义。因此，我们应该重视美术表现能力的培养，为个人的全面发展和社会的进步贡献力量。

二、美术表现能力与学生个体发展的关联

学生个体发展是一个综合性的过程，它包括认知、情感、创新、审美和个性品质等多个方面。美术表现能力的培养与学生个体发展的各个方面都有着密切的联系。在认知方面，美术创作能够激发学生的想象力和创造力，促使其不断探索和发现新的事物；在情感方面，美术创作是学生表达情感、宣泄情绪的重要途径，有助于其情感世界的丰富和深化；在创新、审美和个性品质方面，美术活动需要学生既要相对对立思考，又要相互合作、交流和分享，这无形中培养了学生的团队合作精神和社交能力。美术表现能力与学生个体发展之间存在着紧密的关联。下面对这种关联展开详细的分析：

（一）促进学生的认知发展

美术表现能力不仅仅是绘画技巧的体现，更重要的是它反映了学生的认知水平。在美术创作过程中，学生需要观察、分析、比较和综合各种信息，这些活动都有助于提高他们的认知能力。通过美术表现，学生可以更深入地理解事物的本质和内在联系，从而促进他们的认知发展。

（二）培养学生的情感表达

美术是一种情感表达的方式。学生通过美术创作可以表达自己的情感和思想，这种情感的释放和表达有助于他们的心理健康。同时，通过欣赏和理解他人的美术作品，学生也可以学会更好地理解和尊重他人的情感。

（三）锻炼学生的创新思维

美术创作需要学生打破常规，尝试新的表现方法和形式。这种创新的过程有助于培养学生的创新思维和创造力。这些能力在未来的学习和工作中都将发挥重要作用，帮助学生更好地适应不断变化的环境。

（四）提升学生的审美素养

通过美术学习和创作，学生可以提升自己的审美素养，学会发现美、欣赏美、创造美。这种对美的追求和创造不仅有助于提升学生的生活质量，还能使他们在未来的社会竞争中更具优势。

（五）塑造学生的个性品质

美术表现能力是学生个性品质的一种体现。每个人的美术作品都反映了其独特的个性和价值观。通过美术学习和创作，学生可以更好地认识自己，发现自己的优点和不足，从而有针对性地塑造自己的个性品质。

总之，通过美术学习和创作，学生可以促进自己的认知发展、情感表达、创新思维、审美素养和个性品质的提升。所以，在教育实践中，我们应该重视美术教育的地位和作用，尤其要为学生提供更多元化、更有深度的美术表现和创意实践学习体验。

三、教育实践中的美术表现能力培养

在教育实践中，美术表现能力的培养应该贯穿于学生的整个学习过程。教师可以通过设置多样化的美术课程和活动，激发学生的兴趣和参与度。例如通过组织绘画比赛、美术作品展览等形式，为学生提供展示自己作品的平台；通过引导学生参观美术馆、博物馆等艺术场所，拓宽其艺术视野；通过邀请艺术家进校园与学生互动交流，激发学生对美术创作的热情。这些实践性的教学活动不仅能够提升学生的美术表现能力，还能够促进其在其他学科领域的学习和发展。在具体的教育实践中，美术表现能力的培养是一项重要而复杂的任务。为了有效地提升学生的美术表现能力，教师需要采取一系列系统而科学的方法。具体如下：

（一）激发学生兴趣与热情

教师应该通过组织多样化的美术活动，如绘画比赛、作品展览和艺术家讲座等，来激发学生对美术的兴趣与热情。这些活动不仅能够让学生感受到美术的魅力和价值，还能为他们提供展示自己作品的机会，从而增强他们的自信心和成就感。

（二）创设良好的学习环境

一个良好的学习环境对于培养学生的美术表现能力至关重要。学校应该提供设施完备的美术教室和工具材料，确保学生能够在舒适、安全的环境中进行美术学习。此外，教师还应该鼓励学生之间的交流与合作，为他们营造一个互相学习、互相启发的良好氛围。

（三）强化基础技能训练

美术表现能力的提升离不开扎实的基础技能训练。教师应该根据学生的年龄和认知水平，制订合适的教学计划，引导他们从基础入手，逐步掌握绘画、雕塑、设计等方面的基本技法和理论。通过反复的练习和实践，学生可以逐渐提高自己的美术表现水平。

（四）注重创新思维培养

在美术教育中，创新思维的培养同样重要。教师应该鼓励学生大胆尝试新的表现方法和形式，勇于突破传统的束缚，发挥自己的想象力和创造力。同时，教师还可以通过设置开放性的创作任务、组织小组讨论等方式，激发学生的创新思维和合作精神。

（五）关注评价与反馈

及时有效的评价与反馈对于提升学生的美术表现能力具有重要意义。教师应该根据学生的作品和表现给予具体的评价和建议，帮助他们发现自己的优点和不足，明确改进的方向。同时，教师还应该关注学生的心理需求，给予他们必要的鼓励和支持，让他们在美术学习中保持积极向上的态度。

综上所述，教育实践中的美术表现能力培养需要教师从多个方面入手，包括激发学生兴趣与热情、创设良好的学习环境、强化基础技能训练、注重创新思维培养以及关注评价与反馈等。通过这些措施的实施，教师可以有效地提升学生的美术表现能力，促进他们的全面发展。

第二节
美术实践在提升学生综合素质中的作用

美术实践是连接理论知识与实际操作的桥梁。学生在参与美术实践活动时，需要将所学的美术知识和技能应用于具体作品中，这一过程无疑锻炼了他们的动手能力和解决问题的能力。同时，美术实践往往要求学生与他人合作，共同完成创作任务，这又培养了学生的团队协作精神和沟通能力。它不仅是艺术教育的重要组成部分，更是促进学生全面发展的重要途径。故而，美术实践在提升学生综合素质方面发挥着不可替代的作用。

一、美术实践与审美能力的培养

美术实践最直接的作用便是培养学生审美能力。在美术学习的过程中，学生通过对色彩、形状、构图等基本元素的感知和运用，逐渐形成对美的独特理解和感受。这种对美的敏感和鉴赏力不仅体现在艺术创作中，更影响着学生的日常生活选择，如服饰搭配、环境布置等。通过不断的美术实践，学生的审美能力得到提升，对生活质量的追求也随之提高。美术实践与审美能力的培养是相辅相成的过程。

首先，美术实践是提升审美能力的重要途径。在美术实践中，我们可以通过亲手创作艺术作品来感受艺术创作的乐趣和挑战。在这个过程中，我们会不断地尝试、修改和完善自己的作品，从而更深入地理解艺术作品的构成和表现方式。同时，我们也会接触到各种不同的艺术风格和技巧，这有助于我们拓宽视野，提升对艺术作品的鉴赏能力。

其次，审美能力是美术实践的重要基础。只有具备了较高的审美能力，我们才能够更好地欣赏和理解艺术作品，从而在自己的创作中融入更多的艺术元素和表现方式。同时，审美能力也能够帮助我们更好地把握艺术作品的情感和主题，使我们的创作更加有深度和内涵。

为了在美术实践中培养审美能力，我们可以采取以下措施：

1.多欣赏优秀的艺术作品：通过欣赏优秀的艺术作品，我们可以学习到不同的艺术风格和表现方式，从而提升自己的审美能力。

2.多进行美术实践：通过亲手创作艺术作品，我们可以更深入地理解艺术作品的构成和表现方式，从而提升自己的审美能力。

3.注重艺术素养的提升：除了美术实践和艺术作品欣赏外，我们还应该注重艺术素养的提升。这包括了解艺术史、艺术理论等方面的知识，以及培养自己的艺术情感和表现力。

总之，美术实践与审美能力的培养是相互促进的过程。通过不断实践和欣赏艺术作品，我们可以提升自己的审美能力，并在美术实践中更好地表达自己的创意和情感。

二、美术实践与创新思维的激发

美术表现和创意实践需要发挥想象力，不拘泥于固有模式，因此，美术实践是激发学生创新思维的有效途径。在美术课堂上，学生被鼓励自由表达，通过不同的材料和手法探索新的艺术形式。这种探索过程不仅锻炼了学生的动手能力，更激发了他们的创新意识和解决问题的能力。具备创新思维的学生在未来面对复杂多变的社会环境时，能够灵活应对，提出新颖的解决方案。

首先，美术实践为学生提供了一个自由发挥的舞台。在这个舞台上，学生可以根据自己的兴趣、情感和想象进行创作。这种自由性使得学生能够摆脱束缚，敢于尝试，从而有助于激发他们的创新思维。同时，美术实践中的多样性也为学生提供了丰富的创新资源。不同的绘画材料、技法和风格都为学生提供了创新的灵感和可能性。

其次，美术实践注重过程体验，有助于培养学生的创新思维。在美术实践中，学生需要不断地观察、思考和实践，才能创作出满意的作品。这个过程不仅锻炼了学生的动手能力，更重要的是培养了他们的观察力、思考力和创新力。通过不断尝试和修改，学生能够学会从不同角度思考问题，寻找新的解决方案，这正是创新思维的核心所在。

此外，美术实践中的合作与交流也有助于激发学生的创新思维。在合作中，学生可以相互学习、借鉴和启发，从而拓宽自己的思维视野。在交流中，学生可以分享自己的创作经验和思考过程，得到他人的反馈和建议，这有助于他们发现自己的不足并寻找改进的方法。这种合作与交流的氛围为学生的创新思维提供了良好的土壤。

最后，为了更好地激发学生的创新思维，教师在美术实践中应该采取多种措施：①教师应该鼓励学生大胆尝试和创新，允许他们在创作中犯错误并从中学习；②教师应该为学生提供丰富的创新资源和灵感，引导他们从不同的角度和层面进行创作；③教师应该注重学生的过程体验，让他们在实践中不断地发现问题、思考问题和解决问题。

综上可知，美术实践是激发学生创新思维的重要途径。通过自由发挥、过程体验和合作交流等方式，美术实践能够培养学生的观察力、思考力和创新力，为他们的全面发展打下坚实的基础。

三、美术实践与情感表达的丰富

艺术作品是情感表达的载体，美术实践为学生提供了情感宣泄和沟通的渠道。在美术创作中，学生可以借助色彩、线条等视觉元素，表达内心的喜怒哀乐。这种情感表达方式既含蓄又直接，有助于学生更好地认识和理解自己的情绪。通过美术实践，学生的情感世界得到丰富和深化，他们的情感表达能力也随之增强。

在学生的成长旅程中，美术实践如同一扇开启心灵之窗的钥匙，引领他们走进一个充满色彩与创意的世界。在这个过程中，学生们不仅磨炼了技艺，更在无形中丰富了自己的情感表达。

美术实践对学生而言，是一种独特的语言，是他们用来与外界沟通、表达自己内心世界的桥梁。在画布上，他们可以自由地挥洒色彩，用线条和形状讲述自己的故事，抒发内心的情感。这种表达方式既直观又深刻，它不受文字的束缚，更能真实地反映学生的内心世界。

在美术实践中，学生们通过不断尝试和探索，逐渐找到了适合自己的情感表达方式。有的学生善于运用明亮的色彩和简洁的线条来表达快乐与希望，他们的作品充满活力和阳光；有的学生则更倾向于使用暗淡的色调和复杂的构图来表现内心的困惑和挣扎，他们的作品深沉而富有哲理。这些不同的表达方式都是学生们内心世界的真实写照，是他们情感丰富的体现。

此外，美术实践还为学生们提供了一个情感宣泄的出口。在创作过程中，学生们可以将自己的喜怒哀乐、爱恨情仇都融入其中，通过画笔释放出来。这种情感的宣泄不仅有助于学生们平衡情绪，更能帮助他们更好地理解自己，进而实现自我成长。

美术实践中的情感表达还具有社会性和互动性。在学校的美术课堂上或课外的美术活动中，学生们有机会与同龄人一起创作、交流。在这个过程中，他们不仅分享了自己的情感和体验，也倾听了他人的故事和感受。这种互动不仅丰富了学生们的情感体验，也增进了他们之间的友谊和理解。

总的来说，美术实践为学生们提供了一个广阔的情感表达平台。在这个平台上，学生们可以自由地抒发内心的情感、宣泄情绪、与他人交流分享。通过美术实践，学生们不仅提升了自己的艺术素养和审美能力，更在无形中丰富了自己的情感体验和表达能力。因此，我们应该鼓励学生积极参与美术实践，让他们在创作的过程中感受艺术的魅力、体验情感的丰富。

四、美术实践与文化素养的提升

在人类的文明长河中，美术不仅是艺术的表现，更是文化的传承。通过美术实践，学生可以接触到不同历史时期、不同地域的文化信息，了解各种艺术流派的起源和发展。在这个过程中，学生的文化素养得到提升，对世界多元文化的理解和尊重也得到增强。具备良好文化素养的学生能够在全球化的背景下更好地融入社会，成为具有国际视野的人才。

美术作为一种独特的文化现象，一直以其深邃的内涵和多样的形式，滋养着人们的精神世界。对广大学子而言，美术实践不仅是一种艺术技能的习得过程，更是一种文化素养的提升途径。

首先，美术实践是文化素养的直观体现。通过欣赏和创作美术作品，学生们能够接触到不同历史时期、不同地域文化的艺术风格和审美观念。这些视觉艺术的呈现，为学生们打开了一扇通往多元文化的窗口，使他们在潜移默化中拓宽了文化视野，增强了跨文化理解的能力。

其次，美术实践是文化素养的深化过程。在美术创作中，学生们需要深入挖掘各种文化元素，理解其背后的历史渊源、社会背景和精神内涵。这种对文化元素的深入探究和再创作，不仅锻炼了学生们的思辨能力和创新能力，也使他们对文化有了更深刻的理解和感悟。

此外，美术实践还是文化素养的传承方式。通过学习和实践传统美术技艺，学生们能够亲身感受到传统文化的魅力和价值。这种对传统文化的亲身体验和传承，不仅有助于增强学生们的文化自信心和民族自豪感，也为传统文化的传承和发展注入了新的活力。

另外，美术实践在培养学生们的审美素养、道德情操和创新能力等方面也发挥着重要作用。通过欣赏和创作美术作品，学生们能够提高自己的审美水平，形成正确的价值观念和道德观念。同时，美术实践中的自由创作和个性化表达，也有助于激发学生们的创新意识和创造能力。

美术实践对于文化素养的提升具有不可替代的作用。通过美术实践，学生们能够拓宽文化视野、深化文化理解、传承传统文化，并在审美素养、道德情操和创新能力等方面得到全面提升。因此，我们应该重视美术实践在文化教育中的地位和作用，为学生们提供更多优质的美术教育资源和实践机会，让他们在美术的殿堂中感受文化的魅力、提升文化素养。

(结语)

综上所述，学生掌握美术表现能力和实践对于个体发展和社会进步都具有深远的意义。我们应该重视美术教育在育人体系中的地位和作用，为学生提供更多优质的美术学习和实践机会，让他们在艺术的熏陶下健康成长，为社会的繁荣和进步贡献力量。

因此，不论是专业引领、课堂教学设计，还是课程开发，又或是作业设计和学生评价，等等，最终指向的都是培养什么样的人？为谁培养？美术教育是美育的重要组成部分，艺术家型美术教师是通过学科育人过程中落实图像识读、美术表现、创意实践、审美判断和文化理解五大核心素养达到立德树人的根本目的。

下面通过学生们运用美术表现进行各学科作业设计的部分案例来展现以美育人、立德树人的育人目标，并通过其创意实践的思想折射出所具有的关键能力与必备品格。

案例一

语文学科组"立美立身 志成大师"读大师活动

时间：2023年12月1日下午
年级：高二年级
地点：学校四楼小剧场
主题："立美立身，志成大师"的读大师交流活动

作业设计：领略大师的风采，感受大师的魅力。学生们通过研究大师的经历和作品，汲取他们的智慧和经验，激发自己的创造力和想象力，并将所学知识融入自己的绘画作品中。

创作说明：我采用了偏暖色的画面来展现这个场景。画面中马融衣袂翻飞，表达出他率性而为的性格，他坐在高高的堂上，红色的纱帐随风而起，他前面教授弟子，后面排列着女乐，做到了娱乐与授经两不耽误。

作者：高一（1）班 陈奕嘉

◆　◆　◆

创作说明：为改变内忧外患的现状，马一浮前往美国寻求新生，却发现内圣外王的精神境界才是中国人应当寻求的。这也是为什么画作中的马一浮手捧《资本论》却眺望远方的原因。他所寻求的，不仅是中国辗转中所需的思想方针，更是中国未来的美好蓝图。背景是从天上飘下来的书页到中间环形的建筑物，以及下方冉冉升起的文字，它们象征着马一浮的不同阶段。这是从认识儒学文化，到探索真理凝聚思想，最后自成思想系统及六艺论的过程。

作者：高二（2）班 瞿默妍

◆　◆　◆

创作说明：曾国藩年轻时的苦读，早年经历过屡试不第的坎坷，也有过彻夜背书不能过关而被伺机行窃小偷耻笑的诟谈。然而就是这样一个曾经的凡夫，靠后天的努力，创造了一番惊天动地的伟业，他创建了湘军；他创建的江南造船厂，开近代中国工业的先河。晚年曾国藩目光深邃，神态坚毅，察千年不遇大变局之风云。

作者：高二（3）班 胡安琪

创作说明：这幅画呈现了司马迁人生中的三个阶段。卷轴内上方为司马迁童年时在夜晚点着蜡烛学习的模样。中间为司马迁的中年时期，他被绑在了架子上，以紫色与红色作为压抑的背景晕染开来，四周都有血迹，这些想表达的是司马迁遭受了腐刑的折磨，但他为撰写《史记》，依然不屈不挠。下方为司马迁的老年时期，表现他在晚年完成撰写《史记》这一使命。

作者：高二（4）班 许悦

创作说明：整个画面用沉重的色调表达压抑的氛围，被镣铐紧缚的双臂、枯木般的皮肤，可见当时司马迁牢狱生活的窘迫、内心的痛苦。而与之相反的，是司马迁仍有坚毅的神情，可见曲折的经历摧残了他的肉体，却从未磨灭他的意志，即便遭遇万般耻辱，也要秉承父志，完成一部"究天人之际，通古今之变，成一家之言"的历史巨著！

作者：高二（4）班 陈越

作者：高二（5）班 朱逸玮

创作说明：贾樟柯所向往的是平凡，因为平凡之后的永在是温存与善良。回到画面，或许会有人觉得有些简单。我主要运用强烈的光感与暖色调进行表达，光从正上方照下，脸部是处在一种不受光的状态。我是希望贾樟柯先生可以从鼎沸的市井之声中走出，从讨生活的人间走出，从南柯一梦的风中走出，在光明的苍穹下质朴地笑着！

创作说明：画面被分为三个空间，分别对应了青年、中年、晚年三时期的列夫·托尔斯泰不同形象。上帝视角、强三点透视、人物仰视，表现出人物渴望救赎和忏悔感，也能够概括他在深渊中踌躇挣扎的一生，画面光源来自他的作品，照在他的身上的光寓意他的精神和信仰，把他从沉闷的、低下的和物质的生活中解救了出来。

作者：高二（6）班 蔡君昊

作者：高二（6）班 张心怡

★★★

创作说明：大家可以看见画面的中心是共和派学生团体"ABC朋友社"的领袖安灼拉，而在画面最前面被虚化的则是政府军的枪支。枪支对准安灼拉，而他却始终高举着枪和旗帜，坚毅而无畏。他的脚下是成员们搭起的街垒，街垒中的十字架与法国国旗暗示着在理想面前，他们甘愿血洒阵地，与堡垒共存亡，为了维护共和，为了"自由、平等、博爱"。

★★★

创作说明：可以看到画面中有三个人物，正中心的是主教，左边是过去的冉阿让，右边是成为市长的冉阿让。上面的主教手里拿的是送给冉阿让的两个烛台，是主教的宽容救赎了他，让他的人生走到了正轨上，因此，主教的背后散发了照亮冉阿让内心黑暗的光芒，中间的冉阿让我采用了过去和现在的对比，他俩互相拿着烛台，左边的冉阿让已经挣脱了束缚的铁链，向着未来的他看去，而未来已经变得善良的冉阿让也一直保留着烛台，使他的心一直保持光明。

作者：高二（6）班 盛悠

★★★

创作说明：画面上方是芳汀，下面是她的女儿珂赛特。整体是暗黑色调，寓意着那个黑暗时期底层百姓生活暗无天日。芳汀将两朵小雏菊盖在珂赛特眼睛上，将所有的爱倾注于女儿身上，而自己已潸然泪下。背后的烛台寓意着救赎，珂赛特最终被冉阿让领养，得到了重生。而芳汀受尽了流言蜚语，靠卖头发卖牙齿卖身来养育女儿，最后不堪重负染上了疾病，不幸辞世。画面下方的字是"我的孩子，愿上帝眷顾你"，这是芳汀对女儿未来的愿景。

作者：高二（6）班 刘雅琪

在这次画作展示中，我们可以看到各种风格迥异的作品。这些作品不仅展示了学生们对大师的理解，还体现了他们对艺术的独特见解和个性表达。

案例二

数学学科组数学小报设计

时间：2023年11月
年级：初中年级
地点：学校四楼小剧场
主题： 从古代智者到现代生活的探索

作业设计：数学并不只是冰冷的数字和公式，背后隐藏着伟大数学家们的辛勤探索和惊人发现。他们的故事充满智慧和热情，为我们铺设了探求真理的道路。在学科活动作业中搜集、整合、筛选并组织信息，进而运用美术所学构建出自己的数学小报。

生活中的许多有趣的现象都与数学有关。线段、曲线、角、罗马数字……这些看似简单的概念，都有其深奥的背后故事。让我们深入了解，体验数学的奥妙。

伟大的数学家华罗庚说过："宇宙之大，粒子之微，火箭之速，化工之巧，地球之谜，日用之繁，无处不用数学。"数学不是枯燥乏味的符号堆砌，数学与生活有着密切的联系，它源于生活，服务于生活，生活中充满着数学。从太阳的公转、蜜蜂建造的蜂巢到我们日常的购物、旅行。每一个看似普通的细节，都蕴藏着数学的智慧。它帮助我们更好地理解并享受生活。

同学们在学科活动作业中搜集、整合、筛选并组织信息，进而构建出自己的数学小报。这个过程不仅锻炼了信息处理能力，学习了伟大数学家的人格魅力和研究精神，更深入地理解了数学的各种概念和原理。他们用自己喜欢的方式来表达数学，使得数学学习更具个性化。

案例三

政、史学科组联动邮票设计

时间：2023年12月
年级：初、高中年级
地点：香山艺苑展厅
主题：**"邮"说党史立美育人**

作业设计：时值中国改革开放45周年，通过邮票这一载体，聚焦上海改革开放以来的伟大变革与成就，历史、思政和美术学科联动，共同举办大赛。以"'邮'说改革'画'开放"为主题的邮票设计。

创作意图：该邮票为套组，一套八张。上排四张以"SHANGHAI"为主，在此基础上加入了改革开放后上海的标志性建筑。下排四张描绘改革开放以来上海的日新月异：从小渔村摇身变为国际化大都市。在这漫长的历程中，历史底蕴、人文艺术融合的海派文化、体育拼搏精神、当代的科技创新精神，构成了魔都——上海SHANGHAI。——高一（2）班 潘嘉怡

作品名称：《"邮"说改革"画"开放·上海》

◆ ◆ ◆

创作意图：邮票着眼于街角一处，中间的电线杆分隔了改革开放前与后，以小见大。在上海，弄堂是很常见的，它由旧日的残破到今日的繁华，展现了改革开放的巨大成就，见证了上海的过去与现在。纵观上海近代以来的社会生活变迁，人民生活水平不断提高，国家逐渐实现独立自主，富强民主。上海，见证了近代中国的屈辱和崛起。——高一（3）班 涂诗娴

作品名称：《街角》

党史邮票，方寸之间记录了党的光辉历程、铭刻了党的峥嵘岁月，是了解、学习党史的生动读本，也是发现美、感受美、创造美的重要载体。通过开发、转化和利用党史邮票这一红色教育资源，进一步深化香山中学美育办

学特色，探索党建引领的"大思政课"协同育人的模式与实践，以期推动育人合力的形成与育人实效的提升。

这次活动通过邮票这一载体，聚焦上海改革开放以来的伟大变革与成就。历史老师叙"史"说"邮"，带领学生梳理改革开放以来上海所取得的伟大成就；通过对邮票的赏析、解读，深入挖掘邮票的历史内涵及价值外延，关注邮票的史料性与趣味性。美术教师立"美"画"邮"，从主题元素、背景设计、辅助元素、文字说明、整体风格等方面指导学生进行创作。在师生通力合作下，学生创作的邮票以其独特的视角和丰富的内涵，成为展示上海改革开放成就的个性名片。

案例四

化学学科组创作画报

时间：2023年12月	
年级：高一年级	
地点：多媒体教室	
主题："硫"通往复 循环无端	

作业设计：学生通过学习《硫的循环》化学课后，充分思考环境保护的意义，用美术所学创作画报，旨在表达尊重自然和绿色发展的理念。

《酸雨与硫循环》作者：高一（4）班徐佳蓉、刘云柯、柯慧洁

《消失的故园》作者：高一（4）班 邹姝婳

《远离污染 爱护家园》作者：高一（4）班 顾亦杰、郁殿铭

《Stop！》作者：高一（7）班 吴畅

通过这样的画报体现出香山学子对环保问题的深切关注、舍我其谁的社会责任感，以及非凡的跨学科艺术创作才能。

案例五

美术学科组课堂作业

时间：2023年12月
年级：初三年级
地点：艺术教室
主题：走进毕加索

作业设计：学生们在学习了立体主义绘画"分解、重构"的方法后，获得了全新的观察世界的方法，选择了自己喜爱的写实风格经典油画人物，赋予这些经典画中人新面貌，创作出精彩的作品。

·学生作品欣赏

作者：初三（1）班 章宇菁

创作说明：立体主义是在充满逻辑而理性的社会中解构感性的人类，试图将个性的人类与这个拥有常识的社会剥离开，想象力被极度的规训以及过分的规则所笼罩。

画的并非常识的人类，但我们也只是解构了画面，解构了人类。

个人主义与几何图形，是立体主义的母亲。

世界本就光怪陆离，只不过人类不忘为它增添了"什么是对的""什么是正常的"之类的定义，但我们只不过是用最独特的手法归还了本质。

我只是拙劣地模仿，这个世界的本质。

◆◆◆

创作说明：我认为立体主义中不仅包含单方面的立体形式，也应该包含人物在多角度、多形态之下的立体。对于这幅画，我的构思是将头巾、人脸与身体进行多角度融合，于同一平面之上，棱角分明的线条如同大理石雕刻般。

◆◆◆

创作说明：本作品参照维米尔的《戴珍珠耳环的少女》，加入毕加索的立体主义进行创作，此外我还在背景中加入抽象元素，使画面富有艺术感，使人物更加突出。

作者：初三（1）班 裘正

作者：初三（1）班 沈欣怡

在人物的描绘方面，我结合了凡·高的绘画风格，用明显的笔触描绘。总之这是一幅现代主义风格的"大杂烩"。

作者：初三（1）班 李芸蕊

✦✦✦

创作说明：世界究竟是由什么构成的？立体主义，是将世界的多面与几何重组，展现出看世界的另一面。这也许就是毕加索以几何面，与常人不同的看待世界的角度，成就了艺术的诞生。那什么是艺术呢？我认为就是毕加索这样，不被常规所束缚，能将思维展开来，并用自己的方式把灵魂的多面表现出来。精神世界有多饱满，是可以在笔下呈现出来的，立体主义对于整个世界、人类现实的认识，不仅是一种发散的思想，也在于敢于创新，对于宇宙的博大的思考，它将不被人发现与联系的方面相结合，打破惯性思维，独特而引人深思……

所以，我将线面的多角度与跳脱的色彩，把我效仿立体主义而感受到的《戴珍珠耳环的少女》表现了出来，冷暖的碰撞，实际又何尝不是现实世界的文明与糟粕的融合。我身处于世界之中，而定要感受这世界的多面，是活泼，也是黯淡。通过这次创作，从而感受世界……

✦✦✦

创作说明：

毕加索是立体主义的伟人；

凡·高是后印象派的伟人。

毕加索+凡·高＝？

作者：初三（1）班 李优

所以，画了这幅画。我觉得毕加索风格自由而偏抽象，凡·高则热情又细腻，注重色彩的表达。So，我就用了更多的颜色和更自由的思想paint了这幅画。

✦✦✦

创作说明：作品的线条奔放，可以看出创作者对故乡的思念之情。

作者：初三（1）班 谢艺澜

画面整体用红黄蓝色，对比强烈，更加烘托了作者对母星的眷恋！

画中的少女眼神中带着三分孤傲、六分不屑，一分漫不经心，表现了她对外星的依依不舍。

作者：初三（1）班 王妃

◆ ◆ ◆

创作说明：立体派将结构重组，毕加索将人体进行分割，以近乎怪异的色彩创作他的作品。我将《戴珍珠耳环的少女》中少女的神情画得"霸道总裁"，那个邪魅一笑是我精心制作的。

现代艺术形式多样，手法各异，由许多艺术流派综合而成，区别于传统艺术的统一性，现代艺术具有多样性。比起以写实和模仿为基础的传统美术，现代艺术反传统和反理性，重视艺术家内心的"自我感受"和"自我表现"，具有象征性、表现性和抽象性等特点。

香山中学初三学生，通过美术课堂上对19世纪后的现代美术展开了系列学习。塞尚、马蒂斯、毕加索、康定斯基、达利、蒙克……孩子们在一位又一位突破传统的大师身上获取到了丰富的艺术灵感，并尝试用多角度观察、分解事物，留下了精彩的作品。

案例六

历史学科组思维导图创作活动

时间：2023年12月
年级：高二年级
地点：班级教室
主题：世界文明的演进

作业设计：围绕教材《中外历史纲要（下）》，聚焦"世界文明的演进"这一主题，以时空为序，从对历史知识的理解出发，以单元核心概念为内容，构建具有整体性、逻辑性，体现认知深度

《古代至近代》作者：高二（4）班 袁佳莹、蔡子慧、雷璟

《时过境迁，终为大同》作者：高二（6）班 陈子翰、张可

的教材结构图。本次历史思维导图创作活动，以个人或小组为单位展开。

还有相当一批学生发挥奇思妙想，突破思维导图的传统形式，创造出极具美育特色的导图新式样。

《观今宜鉴古》作者：高二（5）班 徐艺忻

《寻古书今》作者：高二（3）班 唐屹

·优秀作品与创作思路

创作说明：作品《硝烟》整体画面围绕二战后社会主义阵营与资本主义阵营的两极对峙展开，试图展现冷战背景下美苏两极世界的剑拔弩张。

画面下半部分中，咆哮棕熊与向日葵是苏联的象征。向日葵中穿插的火炬代表着希望。向日葵左侧的花朵是映山红——革命之花。在映山红与向日葵丛中握着稻穗的手代表着无产阶级。

画面上半部分中，目光坚定的白头海雕与玫瑰丛中的礼帽代表着美国。白头海雕身后的纸钞代表资本，紧握着纸钞的手代表资本家。手臂后侧则是装着金币的天平，代表着资本权力。而天平背后的鸢尾花与纸钞旁边的玫瑰花代表着英法等其他资本主义国家。玫瑰花与帽子之间的左轮手枪代表着战争。

《硝烟》作者：高二（2）班 何佳怡

红色五角星是国际共产主义的标志，蓝色的四角星是北大西洋公约的标志。图中红色五角星被代表着苏联的象征物遮挡；北约的标志则是被代表美国、资本、权力的标志一起遮挡，试图体现建立在利益与压迫之下的北约是美国控制欧洲、争霸世界的武器。

◆◆◆

创作说明："以史为鉴，可以知兴替"，历史长河是一本无字书。这是将思维导图制作成书的样式的灵感来源。我们将《中外历史纲要（下）》9个单元的内容浓缩成了7份立体书页，形成一个合起来围成一圈的历史思维导图。每一份书页都分为2至3层，按照历史时序及内在联系层层叠加。《如果历史是一本书》的设计是从平面到立体，并且运用了蒙太奇手法，由上面不难看出代表人类从采集狩猎走向农耕畜牧的文明进程。耕地后的建筑、雕塑代表了人类早期文明，可抽拉的人物图是扩张发展的古代帝国征服周边文明的标志。这份思维导图由4位同学分工合作手工完成，利用分层粘贴、抽拉、罗盘旋转等小机关精心设计制作，既体现历史学科的科学性，又兼具趣味性和创意性。

《如果历史是一本书》作者：高二（6）班 刘佳妍、王粲、张佳莹、高静怡

　　起于"图"，不止于"图"。高二历史思维导图创作活动是"双新"背景下思维导图在历史教学中的运用。当历史思维导图与香山美育特色相遇，碰撞出了怎样的火花？历史思维导图打破了历史知识点的界限，实现了内容间的融会贯通；在构建思维导图的过程中，鼓励学生互动，合作交流，提高了学生主动参与、主动探究的内驱力，激发了创造性思维，实现了历史思维导图的个性化、特色化。而香山学子对历史思维导图的守正创新，是以史助美，向美而行！

案例七

美术馆的美育课堂

> 时间：2023年4月7日下午
> 年级：高中年级
> 地点：浦东美术馆
> **主题："绝美之境"艺术展**

　　作业设计：同学们结合本次参观进行了跨学科创作。作品融合绘画、雕塑、当代艺术、历史、音乐等学科，对真实而有挑战性的问题进行着持续探究……

　　在本次的浦东美术馆参观内容有："绝美之境：那不勒斯国家考古博物馆珍藏展""动感世界""乐趣与智慧"等。其中，"绝美之境"展览呈现了约70件公元1世纪前后的雕塑、出土于庞贝和赫库兰尼姆古城的壁画、青铜器和玻璃制品等，从不同方面再现了两千多年前古罗马的文明，联结了罗马帝国与中国汉朝的丝绸之路。

·学生创作作品

创作说明：史料记载，公元前1世纪的某一天，当恺撒大帝身着丝绸袍服出现在剧院看台中央时，全场轰动了。从那一刻起，"丝绸之风"迅速席卷古罗马，丝质服装更成为贵族争相抢购的服饰。据此，在本幅作品中，美神维纳斯披上了现代丝绸制品，代表古代罗马与中华文明的碰撞，而现代制品表明古代文明的延续。丝绸之路绵延千年，时代变迁，不变的是人对美的追求。

《碰撞·传承》作者：高二（2）班 黄钡垚

◆ ◆ ◆

创作说明：如图，左方主体物是身着丝绸的恺撒。恺撒是军事强人，展现了古罗马文明的力量美；丝绸代表中国文明，体现了中华文明的柔美。恺撒穿丝绸，体现了刚与柔的巨大张力，也是文明碰撞，这是第一重交流。画面中，现代亚洲人在博物馆欣赏欧洲古代艺术作品，这是第二种交流。得益于现代通信技术的发达，外国友人可以足不出

《文明交流三重奏》作者：高二（2）班 冯靖悦

户体验到中国的展览内容。右下角的手机上是分享平台上外国友人的点赞："很好的照片，爱来自⋯⋯"，这是第三重交流。

世界文明的发展需要交流互鉴，海纳百川，最终沉淀出本民族文明的品格。

◆ ◆ ◆

《绚烂》作者：高二（1）班 顾睿

创作说明：极具史诗意味的火烧云之下，伫立着罗马帝国的奠基者恺撒。罗马正值鼎盛时期，疆域广阔，统治安稳，与遥远的汉朝的贸易来往也如火如荼地进行着，罗马人叫他们丝国。从世界那一端的丝国送来的丝绸，如同天边的火烧云一般绚烂，如今

正披在恺撒的肩上，一度引领了罗马贵族的潮流。同那些织物一同送来的，还有茶叶、折扇、瓷器等，皆为上品。恺撒依旧伫立，遥望着罗马庞大的疆域；不知在他高瞻远瞩的目光中，有没有悠悠驼铃、商人成群，穿越茫茫大漠，从大汉远道来到大秦。

美育课堂开进浦东美术馆，充分发挥了场馆的社教功能，激发了学生的求知欲和兴趣点，受到了艺术熏陶，感悟了浦东精神。学生们全程在老师的现场导览下，从不同角度了解到作品背后的历史和故事，也在审美的体验中埋下了一颗创新勃发的种子。

案例八
美术学科组辅导学生参赛

时间：2023年12月
年级：初、高中各年级
地点：青少年活动中心
主题：阳光下成长——传承

作业设计：上海市浦东新区第19届学生艺术节暨"香山杯"艺术作品比赛，以"阳光下成长——传承"为主题，意在激励浦东广大青少年学习中华民族优秀传统文化，薪火相传、继往开来。

·荣获"香山杯"艺术作品比赛一等奖学生作品

创作说明：这幅画以传统文化的继承和发扬为主题，呈现了文化传承的重要性和文化发展的未来方向。

画面上的两个主角是祖孙两代人。在这幅画作中，祖孙代表着一种文化传承的方式，通过一代人向另一代人传授技能和经验，从而在文化历史方面留下深刻的痕迹。他们身处在一个传统的工坊里，在合作完成着一个

《传承》作者：高一（3）班 杨承阅

风筝，在这个画面中，风筝代表着中国传统的文化。同时，使用光线作为引导将老人的特点展示出来，并且刻意地让孩子处于阳光之下，象征着传统文化的发展。此外，光线的冷暖也表达了我们积极向上迎接发展的态度。

◆◆◆

《鸣鸡起舞》作者：
高二（1）班 李梦雪

创作说明：时间是永无终点的风，卷起阵阵历史的痕迹，那些被人们遗忘的，埋没的角落里，停靠着一艘艘载满历史的船。在这次创作中，我选择用水粉技法，表现出我的心中所想。在一户农家房中，两只舞狮朝向屋内的两只公鸡，也许是等待？也许是好奇。一切的一切都被遗忘在风里。

创作说明：作品《传承》中的老人是一位手艺人，身后的纸鸢则是老人的得意作品，画面中的小朋友亦是这一传统民俗的传承人，老人的手搭在孩童的肩膀上寓意着对孩子的希冀，手里崭新的风筝则是对老人精湛技艺的发扬光大，用笔及色彩朴实无华，描述了两代人和睦融融的亲情，也讴歌了中华传统技艺的一代人传一代人的不懈坚守与传承！

《传承》作者：高
二（2）班 何佳怡

创作说明：作品名为《非遗印象·蜡染》，整幅画的色调以深浅不一的蓝色为主。画面中描绘了一些人正在进行非物质文化遗产——蜡染的制作。整幅画采用了金山农民画风格，色彩明快，具有丰富的地方民俗和特色，作品表现了中国农村传统的生活和文化，展现了当地人民的智慧和勤劳。而外圈的纹样是中国传统的鱼纹饰。在中国文化中，象征着吉祥、美好、和平、幸福。

《非遗印象·蜡染》作者：初一（2）班 金美蕙

结语

　　美术教育就是要以术塑形、以形承美、以美载德、以德育人。美术表现与创意实践能很好地滋养学生身心的健康发展，让学生发现美、表现美、创造美、展现美，通过参加主题性的美术比赛，并在比赛中获得荣誉和肯定，更加有助学生很好地培养其自信心，这便是美术学科中独有的可视化的育人策略。是让学生在懂得艺术来源于生活高于生活的同时，更要获得深入生活、扎根人民的艺术体验，进而更加热爱生活，热爱生命。

第五章

以美立校 共融共通

引言

  在当今教育背景下，美育如同一股清泉，滋润着人们的心田。它不仅仅是艺术教育的一部分，更是连接不同文化、不同个体的桥梁。在这样一个大美育的背景下，我们观察到了一个显著的趋势：各种艺术形式和教育方法正在共融共通，编织出一幅绚丽多彩的画卷。

  共融共通，是大美育时代的核心理念。它意味着艺术的殿堂里，不再有孤立的高塔，而是相互连接、相互启发的网络。学校活动日益多样化，为学生提供了丰富的实践与学习机会。美术教师作为学校美术教育资源的重要组成部分，其专业知识与技能为学校活动增添了独特的艺术魅力。本章节主要探讨美术教师在学校内涵建设中如何实现与学校活动共融共通，共同促进学生的全面发展。

第一节
美术教育与学校活动的和谐共生

在当下新时代教育背景下，学校内涵建设日益受到重视。其中，美术教育作为培养学生审美情趣、创新精神和文化素养的重要途径，被越来越多的学校所重视。而要实现美术教育的目标，就需要将其与学校活动紧密结合，实现共融共通，从而推动学校的整体发展。

"以美立校，立美育人"是上海市香山中学的办学理念，意味着将美术教育作为学校文化建设的重要支撑。学校充分认识到美术教育在培养学生人文素养、审美情趣和创新能力方面的重要作用，将美术教育纳入学校整体教育体系中，为其提供足够的资源和支持。同时，美术教师也应积极发挥自身专业优势，通过课堂教学、艺术创作、活动策划等多种形式，将美术教育的理念和实践贯穿于学校生活的各个方面。

共融共通，则是要求美术教育与学校活动实现有机结合。学校活动是学生展示自我、锻炼能力、提升素养的重要平台，也是学校文化建设的重要组成部分。美术教师可以通过参与学校活动的策划与实施，将美术教育的元素融入其中，使学生在参与活动的过程中感受到艺术的魅力，提升对美的感悟和追求。例如，学校举办主题性的美术比赛或展览，鼓励学生进行艺术创作和展示；也可以将美术教育与体育、科技等其他领域相结合，打造跨学科的综合性活动，让学生在多元化的体验中感受艺术的无限可能。

一、美术核心素养与学校内涵发展的共融共生

在当下这个多元化、个性化的时代，学校的内涵发展已经超越了传统的界定，开始更多地关注学生的全面发展，尤其是美术核心素养的培养。这不仅是对传统教育观念的革新，更是对未来教育趋势的深刻洞察。

美术核心素养，是高中美术教育的重要目标。它包括图像识读、美术表现、审美判断、创意实践和文化理解五个方面。美术核心素养是指学生在

美术领域所具备的基本知识、技能和情感态度，它不仅仅包括绘画、雕塑等艺术创作技能，更涵盖了审美鉴赏、文化理解等深层次的能力。这些能力的培养，不仅有助于提升学生的综合素质，更是学校内涵发展的重要体现。因为，一个真正有内涵的学校，不仅应该培养出学术上的佼佼者，更应该培养出具有创新精神、审美情趣和人文关怀的全面发展的人才。

美术核心素养的落实，首先有助于促进学生的个性化发展。在传统教育模式下，学生往往被要求按照统一的标准和进度来学习，这无疑抹杀了他们的个性和创造力。而美术教育的引入，为学生提供了一个展示自我、发挥创造力的平台。在这里，他们可以自由地表达自己的想法和情感，通过艺术创作来探索自我、认识世界。这种个性化的教育方式，不仅有助于激发学生的学习兴趣和动力，更能培养他们的创新精神和批判性思维，从而为他们的未来发展奠定坚实的基础。

其次，美术核心素养的培养有助于提升学校的文化底蕴。一个学校的文化底蕴，不仅仅体现在它的历史和传统上，更体现在它对学生全面发展的关注和投入上。通过美术教育，学生可以接触到丰富的艺术资源和文化遗产，这不仅有助于拓宽他们的视野和知识面，更能培养他们的文化自觉和文化自信。而这种文化自信，正是学校文化底蕴的重要组成部分。一个充满文化自信的学校，必然能够培养出具有国际视野和竞争力的人才，为社会的繁荣和进步做出更大的贡献。

最后，美术核心素养的落实有助于构建和谐的校园文化氛围。在美术教育的熏陶下，学生不仅能够提升自己的审美情趣和艺术修养，更能学会欣赏和尊重他人的创作和成果。这种相互欣赏、相互尊重的氛围，正是校园文化的重要组成部分。一个充满和谐与包容的校园文化氛围，不仅能够促进学生的身心健康和全面发展，更能提升学校的整体形象和社会声誉。

综上可以得出，美术核心素养的落实与学校内涵发展之间存在着紧密的联系和共融共生的关系。通过培养学生的美术核心素养，不仅可以促进学生的个性化发展和提升学校的文化底蕴，更能构建和谐的校园文化氛围，为学校的长远发展和社会的繁荣进步注入新的活力和动力。因此，我们应该充分认识到美术核心素养的重要性，将其贯穿于学校教育的全过程和各方面，努力实现学校内涵与美术教育的共融共生，为培养更多全面发展的人才做出积极的贡献。

为了有效落实核心素养，教师需要对美术课程内容进行整合。通过跨学科的学习，将美术与文学、历史、科学等领域相结合，让学生在多样化的学习情境中感悟美术的魅力。同时，还应注重课程内容的层次性和递进性，确保学生在不同阶段都能获得相应的发展。

1.创新教学方法：传统的教学方法往往侧重于技能的传授，而忽视了对学生核心素养的培养。因此，教师需要创新教学方法，采用项目式学习、研究性学习等方式，激发学生的学习兴趣，培养他们的自主学习和合作学习能力。这些方法强调学生的主体地位，鼓励他们在探究中发现问题、解决问题，从而提升自身的核心素养。

2.注重实践体验：美术是一门实践性很强的学科，学生只有通过亲身体验和实践操作，才能真正理解美术的内涵和价值。因此，教师应为学生提供丰富的实践机会，如组织校内外写生、参观美术馆、举办展览等，让学生在实践中感受美术的魅力，提升他们的美术表现和审美能力。

3.评价机制的完善：为了检验核心素养的落实情况，教师需要完善评价机制。传统的以技能为主的评价方式已不能适应现代教育的需求，因此，需要建立以核心素养为导向的评价体系。这个体系应关注学生的全面发展，注重过程性评价和多元评价，以激发学生的内在动力，促进他们的持续发展。

4.教师角色的转变：在落实核心素养的过程中，教师的角色也需要发生转变。他们不再仅仅是知识的传授者，更是学生发展的引导者和促进者。教师需要不断提升自身的专业素养和教育能力，以更好地适应这一角色的转变。同时，教师还应与学生建立新型的师生关系，以平等、尊重的态度对待每一个学生，为他们的全面发展创造良好的环境。

落实高中美术学科核心素养的策略是一项长期而艰巨的任务。它需要教师、学生和社会的共同努力。只有通过不断探索和实践，我们才能找到一条适合中国学生的美术教育之路，为他们的全面发展奠定坚实的基础。

二、学校活动与美术教育的契合点

学校活动的类型多种多样，包括但不限于艺术类、学术类、科技类、体育类、社会实践类等。这些活动不仅丰富了校园生活，也为学生提供了全面发展的机会。其中，艺术类活动尤其是美术教育的重要载体，二者之间有着紧密的契合点。当然其他类型的活动都与美术教育有着紧密的联系和契合点。下面列举四种常见的学校活动类型及其与美术教育的契合点：

1.艺术节：艺术节是学校中最常见的与美术教育相关的活动。它为学生提供了一个展示艺术作品、发挥创意的舞台。在艺术节中，学生可以展示自己的绘画、雕塑、手工艺品等，同时也可以欣赏到其他同学的作品。这与美术教育的目标不谋而合，即通过艺术创作和欣赏来培养学生的审美情趣和创造力。

2.文化节：文化节是一个综合性的活动，旨在展示学校的文化内涵和多元文化特色。在这个活动中，美术教育可以发挥重要作用。通过组织学生制作与本国或本地区文化相关的手工艺品、绘制主题画等，可以增强学生的文化认同感，同时也有助于传承和弘扬传统文化。此外，美术教师还可以与文化节的其他组织者合作，共同策划一些跨学科的文化艺术活动，以丰富文化节的内容。

3.科技节：虽然科技节看似与美术教育关联不大，但实际上二者有着潜在的契合点。在科技节中，学生可以展示自己的科技创意和成果，而这些成果往往也需要艺术元素来点缀和美化。例如，科技制作的小发明家们可以运用美术技巧来设计产品外观，使其更加美观和吸引人。此外，在科技节的宣传和推广过程中，美术教师也可以发挥重要作用，通过绘制科技主题的宣传画、设计科技展览的布景等来增添活动的趣味性和视觉冲击力。

4.运动会：运动会虽然以体育运动为主，但同样也可以融入美术教育元素。例如，在运动会的开幕式上，美术教师可以组织学生进行大型的团体操表演或艺术体操表演，将艺术与体育巧妙地结合在一起。此外，在运动会的宣传和氛围营造方面，美术教师也可以发挥创意，例如，绘制运动会主题的宣传画、设计运动会奖杯和奖牌等。

因此，可以看出学校的各种类型活动都与美术教育有着紧密的联系和契合点。通过充分挖掘和利用这些契合点，美术教师可以更好地发挥自身优势和作用，推动学校活动的多元化发展，并促进学生的全面发展。同时，这也需要美术教师具备创新意识和跨学科合作的能力，不断探索和尝试新的教育方式和方法。

第二节

美术教师与学校活动共融共通

在一所学校的内涵建设中，美术教师往往扮演着不可或缺的角色。他们不仅是艺术教育的传承者，更是校园文化建设的参与者与推动者。

美术教师在学校内涵建设中实现与学校活动共融共通的主要观点：他们能够通过艺术创作与教学活动，将学校的文化理念、教育目标以及学生的个性化需求有机结合，从而推动校园文化的多元化发展。在这个过程中，美术教师不仅是艺术的传授者，更是学生情感表达、审美能力提升的引导者，以及学校文化活动策划与实施的参与者。

一、美术教师在学校内涵建设中的角色定位

美术教师不仅是艺术知识的传授者，更是学生审美情趣和创造力的培养者。在学校内涵建设中，美术教师应当充分发挥自身优势，通过艺术教育的独特功能，提升学生的综合素养，推动学校文化的多元化发展。

美术教师在学校内涵建设中扮演着举足轻重的角色。他们不仅是艺术教育的传播者，更是校园文化建设的引领者和实践者。

首先，作为艺术教育的传播者，美术教师承担着培养学生艺术素养和审美能力的重要任务。他们通过专业的美术知识和技能，引导学生感受艺术的魅力，提高学生的绘画技巧，培养学生的创新思维和想象力。在这个过程中，美术教师不仅传授艺术知识，更注重培养学生的审美情趣和人文素养，为学生的全面发展奠定坚实的基础。

其次，美术教师是校园文化建设的引领者。他们通过组织各类艺术活动和展览，为学生提供一个展示自我、交流学习的平台，同时也在潜移默化中传递着学校的文化理念和价值观。美术教师还可以利用自身的专业优势，参与学校环境的美化和设计，为校园营造出富有艺术气息和文化底蕴的氛围。

最后，美术教师是学校内涵建设的实践者。他们深知艺术教育与学校文

化建设的紧密联系，因此，在日常教学工作中不断探索和实践如何将二者有机结合。他们通过创新教学方法和手段，将学校的文化内涵和教育理念融入美术教学中，使学生在学习艺术的同时感受到学校文化的熏陶。同时，他们还积极参与学校的各项活动，为学校的内涵建设贡献自己的力量。

因此，美术教师在学校内涵建设中扮演着多重角色，他们既是艺术教育的传播者，又是校园文化建设的引领者和实践者。他们的辛勤付出和不懈努力为学校的内涵建设注入了新的活力和动力。

二、专业技能与学校活动的融合

美术教师不仅担负着传授绘画、雕塑等艺术技能的职责，更扮演着引导学生发现美、欣赏美、创造美的角色。当美术教师的专业技能与学校活动紧密结合时，二者的融合将为学生的全面发展注入新的活力。

美术教师的专业技能包括但不限于绘画、雕塑、设计等艺术领域的实践能力和理论知识。这些技能在学校活动中具有广泛的应用空间。例如，学校举办的文化节、艺术节等大型活动，美术教师可以发挥其专业技能，参与舞台设计、海报制作、展览布置等工作，为活动增添艺术气息，同时也为学生提供了实践的机会。

此外，美术教师还可以利用其专业技能，组织各种形式的美术比赛和展览。这些活动不仅能够激发学生的学习兴趣，还能培养他们的创新思维和实践能力。在比赛和展览的过程中，学生可以展示自己的作品，接受他人的评价和建议，从而不断提升自己的艺术水平。

同时，美术教师的专业技能还可以与学校的德育、智育等活动相结合。例如，在德育活动中，美术教师可以通过引导学生创作主题画作，培养他们的审美情趣和道德观念；在智育活动中，美术教师可以通过讲解艺术作品的历史背景和文化内涵，拓宽学生的知识视野。

美术教师的专业技能与学校活动的融合，不仅提升了学校活动的品质，也为学生的全面发展提供了有力支持。这种融合让学生在轻松愉快的氛围中接受艺术的熏陶，培养他们的审美情趣和创新能力，同时也为他们的未来发展奠定了坚实的基础。

因此，我们应该更加重视美术教师的专业技能与学校活动的融合，为学生创造一个更加丰富多彩、充满艺术气息的学习环境。让美术教育的力量渗透到学校生活的每一个角落，让每一个学生都能在艺术的熏陶下茁壮成长。

三、创新思维与学校活动的共通

在当今的教育领域，创新思维已成为不可或缺的素养，尤其在美术教育中更是显得尤为重要。美术教师通常具备敏锐的观察力和丰富的想象力，他们善于从生活中发现美、创造美。这种创新思维对于学校活动的策划与组织具有重要价值。教师可以为学校活动提供新颖、有趣的创意，使活动更具吸引力和教育意义。同时，他们还可以鼓励学生发挥想象力，参与到活动的策划与实施中，培养学生的创新意识和实践能力。

美术教师的创新思维体现在对艺术传统与现代元素的结合、对不同文化背景的融合以及对教育方法和手段的革新上。他们不满足于既定的教学模式，敢于尝试，勇于突破，将艺术领域的新鲜元素和创意引入课堂，激发学生的兴趣和创造力。

当美术教师将这种创新思维融入学校活动时，便能够为活动带来别样的生机和活力。传统的学校活动，如运动会、文化节等，往往有着固定的形式和流程。而美术教师的加入，则能够为这些活动注入艺术的灵魂和创新的元素，使其变得更加丰富多彩，更具吸引力和教育意义。

例如，美术教师可以与文化节活动相结合，策划和组织以艺术为主题的展览、工作坊或互动体验活动。在这些活动中，学生可以亲身体验艺术的魅力，感受不同文化背景下的艺术表达，从而在快乐中学习，提升审美素养。

此外，美术教师还可以将创新思维应用于学校的环境美化和校园文化建设中。他们可以带领学生共同设计校园景观，创作主题墙画或雕塑作品，让校园的每一个角落都充满艺术气息和创新精神。

总之，美术教师的创新思维与学校活动的共通是推动学生全面发展的重要动力。通过将艺术与创新紧密结合，美术教师能够为学校活动注入新的活力，为学生提供更加丰富多元的学习体验。让我们共同期待，在美术教师的引领下，学校活动能够绽放出更加绚丽的光彩，成为促进学生成长的又一重要阵地。

四、合作精神与学校活动的共融

在教育的世界里，美术教师不仅是艺术的传播者，更是学生创意的引路人。美术教师在与学校其他教师合作时，可以积极分享自己的专业知识和经验，共同提升活动的教育效果。他们可以与班主任、其他学科教师等密切配合，共同策划和组织跨学科、综合性的学校活动。这种合作精神有助于打破学科壁垒，促进学生的全面发展。

合作精神是美术教师必备的专业素养之一。在艺术创作和教学中，美术教师往往需要与其他教师、学生以及学校各部门进行紧密的合作。这种合作精神不仅体现在对共同目标的追求上，更在于相互间的尊重、理解和支持。

当美术教师将这种合作精神带入学校活动时，便能促进活动的顺利开展和目标的顺利实现。例如，在学校举办的大型活动中，美术教师可以与活动组织者、其他学科教师以及学生共同商讨活动方案，发挥各自的专业优势，共同为活动的成功助力。

另外，美术教师的合作精神还能为学校活动注入更多的创意和活力。在合作中，不同思想的碰撞往往会激发出新的灵感和创意。美术教师可以利用这些创意，为活动设计出更具艺术感和创新性的方案，从而提升活动的吸引力和教育价值。

同时，美术教师在合作中展现出的专业素养和人格魅力，也会对学生产生潜移默化的影响。他们的合作精神会感染到学生，让他们学会在团队中发挥自己的作用，懂得与他人相互尊重、理解和支持。这种影响不仅对学生的个人成长具有重要意义，更有助于培养他们的团队协作精神和社会责任感。

因此，美术教师的合作精神与学校活动的共融是提升教育质量、促进学生全面发展的重要途径。我们应该鼓励和支持美术教师在学校活动中发挥更大的作用，让他们的合作精神为活动增添更多的色彩和活力。同时，也要注重培养学生的团队协作精神，让他们在合作中学会成长、学会创新。

还有，美术教师在学校活动中不仅扮演着参与者的角色，更是引领者。他们可以通过自己的言谈举止，向学生传递对艺术的热爱和对美的追求。在活动中，教师可以鼓励学生大胆尝试、勇于创新，培养他们的自信心和表达能力。同时，他们还可以关注学生的情感体验，引导学生在活动中感受美、欣赏美、创造美。

总之，教师与学校活动的共融共通对于提升学生的综合素质、营造浓厚的校园文化氛围具有重要意义。我们应该充分认识到教师在学校活动中的作用和价值，为他们提供更多展示才华、实现价值的平台。同时，学校也应该积极搭建平台、创造机会，促进教师与其他教师的交流与合作，共同推动学校活动的创新与发展。

美术教师在学校内涵建设中实现与学校活动共融共通的过程，是一个不断探索和实践的过程。他们通过深入理解学校文化、积极参与活动策划、关注学生个性化需求等方式，将美术教学与学校活动紧密结合，共同绘制出校园文化的新画卷。这种共融不仅提升了学生的艺术素养和综合能力，更推动了学校整体文化氛围的形成和发展。下面就用具体案例来呈现学校美术教师在学校活动中的共融共通。

案例一

美术教师开展主题美育讲座
香山中学美育线上讲座（一）
——源远流长的中国美术——抟泥幻化

时间：2022年12月20—28日
年级：高一、高二年级
地点：线上系列美育讲座
主题：以艺联动 学科融合

上海市香山中学作为上海市特色普通高中，在不断探索学校美育特色为引领的课程体系、育人体系的基础上，还在"新课程""新教材"的教育背景下积极探索"双新"教学改革的新理念、新路径，积极探索和搭建艺术特色的专业领域与历史学科、语文学科、地理学科、化学学科等跨学科交流互动的平台。

12月份，由美术中心周思远、叶秋杨、何珺以及陆遥四位青年教师，率先在以上指导思想的引领下，各自选择了不同的主题，充分发挥了各自跨学科、跨领域的智慧与技能，精心准备了四场不同主题的线上讲座，讲座面向校内师生，以及来自金杨学区和复旦附中集团兄弟学校的师生们，为更多的艺术爱好者呈现精彩纷呈的艺术大餐。

2022年12月香山中学线上美育讲座		
时　　间	主　　题	主讲老师
12月20日18：00-19：00	源远流长的中国美术——抟泥幻化	周思远
12月21日18：00-19：00	新印象主义大师——修拉	叶秋杨
12月27日18：00-19：00	新媒体艺术	何　珺
12月28日18：00-19：00	西方油画史	陆　遥

12月20日，香山中学美术教师周思远以"源远流长的中国美术——抟泥幻化"为主题进行了第一场线上美育讲座。

讲座中，周老师首先通过两段视频让大家了解中国陶瓷在世界上的地位，在西方文艺复兴时期油画作品中出现的瓷器也是中西方文化交流的一种见证。接着，通过对陶器与瓷器的赏析，了解陶和瓷的区别，以及陶器发展的三个阶段。欣赏舞蹈作品《唐宫夜宴》更是让人身临其境般感受到了唐三彩的魅力。

△学生线上聆听

△抟泥幻化课件图片

"雨过天青云破处，这般颜色作将来"，"夕阳紫翠忽成岚"，"晕如雨后霁霞红"，这些绝美诗句带领大家了解了中国瓷器的发展脉络、不同瓷器作品的基本特征及形成原因，同时也认识到非物质文化遗产保护传承的重要性。

此次美育讲座将文学、历史和美术等多学科融合，很好地实践了美术核心素养在教育教学中的落实。讲座过程中，师生互动探究，思维不断碰撞，各环节设计完整，评价多元，处处体现出教师对教学设计的思考与探究。

学生感悟

大国风范，泱泱陶瓷。走过千年历史，陶瓷伴中华民族诞生，直至成为国粹精华与骄傲。

今天听了周老师的讲座，感受颇多。从原始部落中众人用陶瓷祭祀到后来唐三彩、青花瓷等高质量的手工艺品横空出世，让我不禁想象起陶瓷伴随文明的点点滴滴。从原始人一个个粗糙的手打磨，到近代一个个皎洁的手制作瓷器，这些历史上的瓶瓶罐罐宛如有了生命一般，在我面前栩栩如生地呈现出来。

直到这个讲座，我才深刻意识到"陶瓷"有别。陶器为何，而瓷器又是怎样？当我听到瓷器只有中国有之时，当我晓得需要1000多摄氏度高温才可烧出瓷器时，当我听闻在汉代时我国就有极为成熟的瓷器时，我终于领略到我国文化之博大精深、艺术成就之深厚。我不禁想到，在这片古老的土地上到底存在着多少艺术的奇迹。

试想未来，我也必然会在生活中再次遇到瓷器，但此时的它已不再是单纯的瓷瓦之器了。我也希望能有更多的机会学习美术欣赏，不断提高自己的审美能力。

——高一（5）班 王禹迪

✦ ✦ ✦

今天听了周老师的讲座，我受益匪浅，了解到了许多关于中国陶瓷的知识。

讲座一开始，周老师给我们看了两个视频，一下子就吸引了我们的注意力，并且让我们了解到中国陶瓷在历史上的地位，中国英文名为"China"，而陶瓷英文也叫china，这足以证明陶瓷在历史上和西方都有着很高的地位。文艺复兴时期的画作中，就已经出现了不少含有中国瓷器元素的画作，同时也是东西方文化交流的见证。

我以前常常有个疑惑，"陶瓷，陶瓷"那"陶"和"瓷"又有什么区别呢，今天的讲座就解答了我这个疑惑。原来瓷是由陶发展蜕变而来的，从新石器时代色彩单一用来记录生活的陶瓷到隋唐时期色彩鲜艳丰富、表达情感的陶瓷，也见证了中国源远流长的历史。

紧接着，我又被有着精致造型、独特颜色的莲花温碗所吸引，我曾在台北"故宫博物院"亲眼见过，但当时只是看个热闹，今天我才算是真正认识了这件精美的艺术品。"雨过天青云破处，这般颜色作将来。"这句话，我曾在书中看到过，今天才知道，原来所指的颜色就是青色，也是如今汝窑的代名词。造型简洁精美，但是这别致的釉色却让它变得不普通，更衬托出了它的魅力。

我很喜欢今天的这次讲座，它不仅让我学到了艺术知识，更提高了我的鉴赏能力。或许，未来旅游时，我也能说得头头是道。希望以后有更多这样的机会学习美术鉴赏。

——高一（7）班 朱逸文

✦✦✦

听完今天的讲座，不禁感叹中国美术的源远流长。宋代以来，中国瓷器的精美就已经闻名四方。中国瓷器出现在几百年前的欧洲油画中，已经说明了中国瓷器的地位。对西方人而言，几经辗转才来到欧洲的中国瓷器当属无价之宝。陶与瓷的美，早从新石器时代就开始了。从图腾崇拜记录事件，到商周时注重功能实用，到隋唐时期表达生活表达情感，从黑白到三彩，从简约到繁杂的构思，陶与瓷在漫漫岁月里蜕变。在所有展示出的陶瓷里，我最喜欢的是莲花温碗。它出于汝窑，釉色天青，釉面开裂，加上莲花的形态让人不禁联想到"莲之出淤泥而不染，濯清涟而不妖"。

这次讲座让我了解了很多关于瓷器的知识，也提升了我的鉴赏能力，更让我感受到美术的悠久气息。很期待在未来可以近距离欣赏这些清丽美妙的瓷器，也希望以后能继续学习美术鉴赏。

——高一（3）班 张笑笑

✦✦✦

今天跟随着周老师的步伐，我们了解了中国瓷器。中国，英文为"China"，瓷器为"china"。在世界的角度，瓷器代表中国，中国即为瓷器。可见瓷器的重要性。

　　周老师的生动讲解让我知道了瓷器的由来，了解了瓷器的发展，知道了瓷器的意义，拉近了我与瓷器的距离，让我更深入地了解了它、认识了它——古老中国的文化产物——瓷器。

——高一（5）班 王子恒

香山中学美育线上讲座（二）
——新印象主义大师——修拉

　　香山中学叶秋杨老师的这场美育线上讲座，从时空上为广大香山学子提供了以美培元的"场"；从选题本身——"新印象主义大师——修拉"上展示的就是艺术家本身艺术与科学融合的创作实践，将艺术本体语言进行探索与实验，充分表达自己的真实感悟，借此引导学生铭记历史，思考生活，并深入体会美术与科技、艺术与科学之间的关联。从具体切入，深入浅出，渗透美育的育人功能！

▷讲座课件图片

　　乔治·修拉不仅仅是法国新印象画派的创始人之一，更让人感到惊奇的是他的另一重身份——新世纪科学革命中最早出现的新型艺术家（艺术家兼科学家）。乔治·修拉热衷于创新的想法，颠覆传统的旧道路，于是他选择了把文艺复兴传统的古典结构和印象主义的色彩试验结合起来，把最新的绘画空间概念、传统的幻象透视空间，以及在色彩和光线的知觉方面的最新科学发现结合起来。这一点对正在兼顾着文化课和美术专业课学习的同学们有着很大的启发。

△学生线上聆听

　　讲座结束后，香山中学美术教研组长朱彦炜老师通过修拉的艺术实践，引导同学们在学习过程中学会术业兼攻，并号召学生心中保有对艺术殿堂向往的热情，对个人思维、素养等多方面的提高才符合当下时代对优秀的美育人才的要求。

学生感悟

今晚，叶秋杨老师给我们开展了一主题为"新印象主义大师——修拉"的线上讲座，给我们枯燥的线上学习生活带来了乐趣。修拉以黑、白二色熔炼出极具个性的绘画语言。它不讲线，而讲形，讲熟练地给予平衡的对比，经常吞没了一切细节的明暗，他的素描中充满了氛围感的美。修拉的油画也充满了艺术色彩，用他独特的点彩画法画出了一大批动人的风景图，如《大碗岛的星期天下午》《安涅尔浴场》等，修拉对颜色足够了解以至于通过画中无数个小点呈现出颜色的变化以及雕刻感，这是十分令人敬佩的。

——高二（4）班 秦彬元

《华严经》曾云：一花一世界。而放在艺术中，又何尝不是如此？

我曾被一叶障目，以为艺术只有眼前的苟且，而在今天的讲座之后，我才知道艺术能包罗万象，凡风之所及之处，无不没有艺术，画作中所包含的韵味，非言语之所及，却能给予人们最真挚的感动，人生寥寥数十年，有的人化作一抔黄土随风而散，而有的人的精神世界却得以永远留存，待后人挖掘了解。

——高二（2）班 黄钡垚

叶老师的讲座"新印象主义大师——修拉"让我收获满满。

在修拉展示的画作中我印象最深刻的就是《大碗岛的星期天下午》，在这幅画上充分地表现出他那富有特色的画风。这幅画向我们展示的场景是在初夏的一个星期天，人们在公园里愉快地游乐的情景，画面光彩夺目，并充满一种宁静的气氛，没有生命运动的感觉，就像梦中的风景一样。整个画面是用非常小的色点画成。

他与我认识的抽象派画家毕加索、马列维奇等展现出了完全不同的画风，不愧是新印象主义大师。这次讲座不仅让我对修拉有了更多的了解，而且让我对印象主义有了新的印象，受益匪浅。

——高二（4）班 程一诺

今天从叶老师的讲座中，我认识了乔治·修拉新印象画派（点彩派）的创始人。他用不同的色点并列地构成画面，我们欣赏了他的作品《安涅尔浴场》，这是确立了以"点彩"为表现手法的画家修拉的第一部大作。此作品描绘了在巴黎西部阿尼埃尔一带塞纳河里享受沐浴之乐的人们。通过叶老师的解析，我也从《大碗岛的星期日下午》画作中感受到修拉每个点理性的笔触。

——高二（3）班 褚欣童

叶老师给我们介绍了新印象画派大师——修拉，点彩派的创始人。这些色点就像如今数码摄影中的像素点，这样的表现手法可以使色彩在观者的头脑中自行混合形成色块，从而不失去其本身的明度和强度。令我印象深刻的作品是《安涅尔浴场》，这幅作品也是修拉创作的第一幅点彩派的作品，是一幅有着宏大尺寸的绘画作品，画面中描绘了一些在塞纳河畔休息的人以及夏日的光线和天气效果。听完这场讲座，我深感学习艺术，除了学好专业课外，文化知识也尤其重要，应了解历史，了解生活，将其运用于作品中。

——高二（4）班 于穆清

香山中学美育线上讲座（三）
——科技、媒介与艺术

中共中央办公厅、国务院办公厅印发的《关于全面加强和改进新时代学校美育工作的意见》中强调美育在"五育并举"中的重要作用，强调跨学科融合理念的引领和实践。

12月份，由美术中心周思远、叶秋杨、何珺以及陆遥四位青年教师，各自选择了不同的主题，充分发挥了各自跨学科、跨领域的智慧与技能，精心准备了四场不同主题的线上讲座，讲座面向校内师生，以及来自金杨学区和复旦附中集团兄弟学校的师生们。

12月27日，香山中学何珺老师以"新媒体艺术"为主题进行了第三场线上美育讲座。随着社会的进步和科技的发展，新媒体艺术这一新兴的学科逐渐走进大众视野，新媒体艺术作为一个新兴的艺术形态本身就是科技与媒介与艺术的综合体现，它与信息技术、音乐、历史、数学和社会文化等学科相互渗透、相辅相成，是多种学科的融合。

△学生线上聆听

新媒体出现于20世纪，是使用新式媒体技术制作、修改或传播的当代艺术。其中包括录像艺术、数字艺术、互动艺术、互联网艺术、虚拟艺术、声音艺术，以及使用机器人、生物技术、3D打印技术和动画制作技术等新技术进行创作的艺术作品。而这些都与传统的艺术形式（绘画、雕塑、建筑等）相区别。新媒体艺术还关注其在文化、政治、社会内涵及美学上的融合。

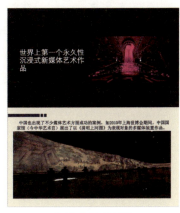

△讲座课件图片

讲座过程中师生互动交流，学生积极参与表达自己观点，自信地展示自己的创作作品。

学生作品

范钧天介绍：这张照片拍摄于小区雨中的夜晚，抓拍雨中一位父亲拉着儿子回家的场景，同时画面中通过金黄的银杏叶加以衬托，更加突显出家人之间纯真且坚定的爱，也与银杏叶的花语相符，照片整体经过暖色的滤镜加以处理，再一次凸显出家即使在寒冷且风雨交加的夜晚，仍如烛火般温暖的情感。我拍摄这张照片的目的，是希望在疫情期间，点燃朋友之间，家人之间，以至于陌生人

▷学生作品

之间的火焰，带给人们温暖和希望，我也会将这张作品发布于网络，使得更多人心中的火焰得以点燃。

周皓天介绍：在这次创作中我选用了造雾机与投影技术制造出了一种与人群无法接近无法融入的情景。在日常生活中，往往我们不会去关注那些独来独往、与人群脱离、处在边缘的人。无

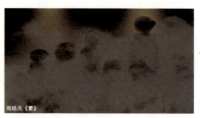

周皓天《雾》

△学生作品2

论是处在正常社会之外的孤寡老人、留守儿童，还是虽然共处一片蓝天下但因为身体或精神原因无法融入的身边人，我们都要给予他们关注，更不要为此而远离甚至看不起他们。这个作品我希望能带给观众关于自己身边那些边缘群体的思考，也希望能引发对那些边缘群体的关注。

美育的内核是塑造美好心灵。通过这次讲座，希望大家了解新媒体艺术这一新兴的艺术形式。通过欣赏国内外优秀的新媒体艺术作品去了解新媒体艺术的特点，能够理解科技与媒介对创作的影响。通过师生间不断的探索和交流，提高学生的自主学习能力，引导学生意识到艺术来源于生活，应注重理论联系实际，跟随时代的脚步不断开阔视野，去探索美、创造美、感受美。

香山中学美育线上讲座（四）
——从具象到抽象

本次讲座陆遥老师围绕审美感知、艺术表现、文化理解等核心素养来确定课程目标。按时间线的顺序缓缓展开，从当时的时代背景、宗教信仰、社会环境、地理位置以及艺术家的性格特点

△讲座课件图片

△学生线上聆听

及生活经历等多方面解读西方艺术，融合了文学、历史、地理、政治等多种学科知识。

艺术的功能从一开始服务于皇权、宗教的宣传，到文艺复兴后开始描绘人的世界，从贵族的私人定制、权势的附属品，到发掘平凡生活中的诗意。不断有艺术家开拓新的领域，自由而热烈地表达自己，形成一个无尽的大千世界。"仰观宇宙之大，俯察品类之盛"。同学们通过欣赏大师作品提升了自身艺术审美判断和综合素养，并在课后使用时间线、思维导图、拼贴小报等多样的形式对知识进行梳理，加深理解与感悟。

完整的美育活动是跨学科的知识融合，是方法的集中梳理，更是价值观的正确引领。在本次美术史的学习过程中，基本知识的补充是达到美育教学目标的手段，育人是活动的中心。文化理解的培育，有助于学生在艺术活动中形成正确的历史观、民族观、国家观、文化观，尊重文化多样性。坚持以美育人、以美化人、以美润心、以美培元，引领学生在健康向上的审美实践中感知、体验与理解艺术，逐步提高感受美、欣赏美、表现美、创造美的能力。

△学生拼图作业

"源远流长的中国美术——抟泥幻化""新印象主义大师——修拉""新媒体艺术"和"西方油画史"，香山中学12月份美育线上讲座已完美收官。本次美育线上讲座活动以"美"为媒介，跨界政治、历史、语文、地理、化学、信息科技等多门学科，是香山中学在"双新"教育背景下的尝试。今后，学

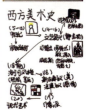

△学生思维导图

校也将积极探索新理念和新路径，继续完善学校美育特色为引领的课程体系和育人模式。

案例二

美育实践活动
追大师足迹　寻艺术真谛

时间：2023年3月30日
年级：高一、高二年级
地点：上海博物馆
主题：追大师足迹　寻艺术真谛

△师生在上海博物馆前合影

△展览主题海报

画境光华，世界和美。作为以美育为特色的上海市特色普通高中，香山中学一直不断探索"双新"背景下，美育在课堂教学与社会实践中的融合与渗透。为了让学生能够近距离欣赏到欧洲艺术巨匠的绘画名作，此次，作为上海博物馆文博教育基地学校，香山与上海博物馆积极联动，开展以"追大师足迹　寻艺术真谛"为主题的美育实践活动。学校美育中心组织师生代表参观"从波提切利到凡·高：英国国家美术馆珍藏展"。

前期，香山中学陆遥老师以《西方油画史》为主题开展美育讲座，围绕审美感知、艺术表现、文化理解等核心素养，从当时的时代背景、宗教信仰、社会环境、地理位置以及艺术家的性格特点及生活经历等多方面解读西方艺术，融合了文学、历史、地理、政治等多种学科知识。

展览分八个板块，通过50位艺术家的52件作品，完整呈现从文艺复兴至19世纪后印象派的发展脉络。通过学校前期开展的《西方油画史》美育讲座，到实地近距离欣赏大师们的真迹，同时聆听专业人士的现场解读，学生们沉浸在世界艺术的魅力之中，驻足停留，心生敬仰。

△学生驻足观看

学生感悟

　　艺术大展中最令我印象深刻的是伦勃朗的绘画风格。光影是伦勃朗的作品最大的特点，他运用明亮的光线突出主体物，同时暗淡化周围的环境，通过强烈的明暗对比，创造一种神秘神圣的氛围和强烈的视觉效果。他的画面真挚细腻，色彩和谐丰富，注重描绘人物内在精神，这些技法对我们平时作画时的画面处理有很大启发。展览所呈现的这400年里，伴随着科学技术的进步和社会文化的变革，人们观察事物的方式发生了巨大的改变，而这些伟大的作品串联起历史，呈现了无数故事，让我们感受到古典和现代的交融。站在这些真迹面前，如同与大师们面对面，我想这就是绘画艺术的魅力。

——高二（4）班 林珈遥

　　沧海桑田，岁月变迁，只有它永恒——这就是艺术。艺术是我们生命中不可或缺的伴侣，我走进上海博物馆感受着时间的变迁，观察着颜料的堆积，沉溺在美妙的色彩中，眼前的一切那么梦幻又那么真实。巴洛克时期的人物动态恰到好处，色彩有着强烈的冲击，《祈祷的圣母》给我留下了深刻的印象，圣母在纯色的画布中仿佛无瑕的雕像，明亮的光洒在圣母平静的脸上，这强烈的戏剧性灯光是经典的巴洛克风格。我细细地回味着，尽管四周人声嘈杂，但我却仿佛身处另一次元，与这些欧洲的画家进行着灵魂的交流。

——高一（7）班 吴畅

　　踏入美术馆的瞬间，我就被那些画作深深地吸引。那独特的打光，幽暗的环境，将画作衬托为更高的主角，我不由得心生敬佩。这些画作，每一幅都蕴含着作者内心深处的想法，他们或多或少想通过自己手中的画笔去叙述他们的故事，去阐释他们的内心。看着那些画作，我会被带入其中，在画作中感受艺术的冲击。我印象最深的一幅画是《画室中的火炉》，在看到它的第一眼，我就被它独特的艺术气息所吸引。我认为这幅画暗含着更深层的含义，将我带入沉思中。这次美育实践活动让我对于艺术有了更深刻的认知，更多的感触。

——高一（4）班 李欣然

在观看画作的时候，一边有讲解员耐心给我们讲解，另一边，画作旁的注释也让我能够更好地了解作品的背景和画作的内涵。其实，作为一名准备艺考的高中生，之前我并不是非常了解欧洲美术史，也并没有高超的鉴赏能力。这是我第一次参观画展，欣赏大师真迹。通过这次美育实践活动，我了解到大师们创作、构图的思路，这对我自己的创作有些帮助。多位画家以及多种不同的画法让我明白一幅画作可以有不同的表达方式，潜移默化地提高了我的艺术素养和鉴赏能力。我十分感谢学校给予我这次参观画展的机会，让我体会到多彩的高中生活。

——高一（4）班 郁殷铭

我对这次画展中的卡拉瓦乔的《被蜥蜴咬伤的男孩》这件作品深感喜爱。这幅作品展现了一个被蜥蜴咬伤的男孩，他的表情充满了痛苦和恐惧。然而，我最欣赏的是画家运用戏剧化的光线，使人物具有强烈的身体存在感。这样的光线效果让我感觉到男孩仿佛跃然画面之中，真实地存在着。这种强烈的身体感觉，令我对画作产生了更深刻的情感共鸣。

整个画展的氛围也令我印象深刻。从波提切利到凡·高，这个时间跨度极大的展览，向我展现了艺术的多元性和发展历程。我通过欣赏这些画作，深刻体会到艺术家的创作历程以及他们所处的历史背景。

——高一（3）班 张笑笑

教师感想

作为一名美术教师，非常感谢学校组织的这次美育实践活动。这次展览非常精彩，让我对欧洲绘画历史上的几个重要流派有了更深入的了解，也让我更加欣赏凡·高这位伟大的画家。

在展览中，我最喜欢的作品是凡·高的《长草地与蝴蝶》。《长草地与蝴蝶》是凡·高在圣保罗疗养院接受精神治疗时所画。凡·高洒脱狂放的笔触展现了乱草疯长的气势，多色笔触让画面充满动感，被黑线勾勒的蝴蝶在丛中飞舞。画家选取了少有的俯视视角，而左上角窄长的人行道让画面添出一些景深。凡·高通过简洁而强烈的笔触，创造出了一种非常独特的氛围和情感。通过这次参观，我对历史上许多优秀的画家有了更深刻的认识，也让我更加热爱艺术。

　　我希望将这些知识和体验带回课堂，与更多的学生分享，欣赏更多伟大的艺术作品。我相信，通过欣赏和学习艺术，我们可以更好地理解和欣赏世界，也能够更好地创造出美好的未来。

——何珺老师

　　本次画展介绍了从波提切利到凡·高的艺术作品，正是西方艺术史的缩影，与我校初高中美术课中西方美术欣赏课有很好的衔接。就在本月，初中年级刚学习了欣赏绘画作品的方式：读图—阐释—评价—理论。本次画展正好给予学生一个很好地将理论结合实践的机会，这样的活动能够继续深化对学生的美育教育。作为教师，我认为艺术作品不应该只从书本和电脑观看影像，亲自观看原作才会有更深的领悟。博物馆正应该是学生的"第二课堂"。

——田芳洲老师

　　艺术超越语言，美学跨越国界。此次美育实践活动带领学生走出课堂、走进博物馆，希望通过对艺术之美的欣赏，不断提高审美能力和文化素养，同时学会"以文明交流跨越文明隔阂，文明互鉴超越文明冲突，共建美美与共的文明百花园"。

案例三

暑期美育实践活动

时间：2023年7月9日
年级：高一年级
地点：西岸艺术中心N馆
主题：聆听艺术对话

香山中学围绕"敬贤、尚美、乐学、笃行"的育人目标，构建完整的课程结构。聚焦特色课程群，以高品质的课程支撑学生发展的需求。构建了美"德"、美"艺"、美"动"、美"创"四大课程体系以及"博物馆"主题式课程探索特色课程实践新方式。

7月9日上午，我校组织了以"追寻大师足迹，聆听艺术对话"为主题的暑期美育活动，高一年级同学在美术教师的带领下前往西岸艺术中心N馆参观主题为"青春万岁——新中国美术的青年时代"的中央美院馆藏精品展。

此次展览涵盖来自100余位艺术大师的近150件作品，包含绘画、雕塑、装置等多种作品类型。通过三大展览单元，依托中央美术学院馆藏及特邀作品追溯新中国美术的发展历程，以"青春"为线索串联半个多世纪的创作灵光，为观众梳理央美所代表的中国艺术的历史与未来。

"青春"代表朝气蓬勃的创作热情，也反映新中国美术在不断奋斗中探索的时代特征。如马克思所言，"一个时代的精神，是青年代表的精神；一个时代的性格，是青春代表的性格"。

此次展览经典单元中，精选中央美术学院美术馆藏80余件艺术家在青年时期的代表作品，回顾20世纪下半叶中央美术学院师生的重要创作成果，展现富有青春活力的时代画卷。其中不乏许多日后的成名艺术大师，他们艺术发展历程中关键性的代表作或"成名作"留在了美院。这一段青春岁月，为

新中国美术史书写着"青春"注脚。

香山中学通过本次活动，把美育课堂延伸到了专业美术场馆，将学校美育与社会美育相融合，让学生们感受时代风采。

学生感悟

今天跟随着香山的美育课堂参加了"青春万岁中央美术学院美术馆馆藏品精品展"。这个美术展给我的美术学习增加了更多的灵感，让我学习到了更多的表现手法和如何更好地表现出自己的思想。

——高一（3）班 盛天爱

当我走进西岸艺术中心N馆，整个N馆一楼的挑高非常高，是工业混凝土的展厅空间，进入场馆的瞬间真的很震撼，再加上新媒体单元大型互动屏幕，一起看展的朋友帮我抓拍走近屏幕的瞬间，让我想起《星际迷航》里引用的那句狄更斯的诗——"不要温柔地走进那个良夜"。

——高一（4）班 陈越

我始终认为艺术如同文字一样，是存放历史的地方。今天参观了西岸艺术中心N馆的特展"青春万岁"，此次展览以青春为线索串联了半个多世纪的创作灵光，我被其深深吸引。一楼是新媒体单元，其表现方式新潮前卫，生动有趣；二楼是经典单元，陈列着近百位艺术大师在青春岁月的代表作，见证着中国当代美术的发展。致青春，正青春。

——高一（3）班 吴品澍

进场馆瞬间真的很震撼，再加上新媒体单元大型互动屏幕，让我想起一句话："电子屏幕会因为热爱长出血肉"。观众和艺术家进行一场大型的跨越时间和空间的对话。印象最深刻的是汤沐黎的布面油画《霸王别姬》，细腻的笔触，人物形体的精准刻画，强烈的色彩对比和扑面而来的情绪冲击让我难以忘怀。由艺术走入人生，又将人生纳入艺术。这次展出中我们看到了新中国美术史的浓缩，从1950年的绢本设色，到如今的电子超现实主义，"你不可能永远十八岁，但是总有人正在经历十八岁。"青春万岁。我们作为即将进入十八岁的少年，更应该踏实学习，用艺术浇灌灵魂。

——高一（2）班 张奕纯

✦ ✦ ✦

今天学校组织我们参观了由中央美术学院主办的"青春万岁——新中国美术的青年时代"展览。在此次展览中，我看到了由当代艺术家创作的，也有由20世纪八九十年代的艺术家创作的近150件作品，其中包括绘画、雕塑、装置等多种作品类型。在这些作品中我深深感受到了艺术家们朝气蓬勃的创作热情，也体会到了新中国美术在不断奋斗中探索的时代特征。我们当代年轻人会学习这一代代艺术家勇于担当国家复兴使命和与时代同行、为时代创作的艺术精神。

——高一（6）班 王君泽

案例四

美育课堂走进浦东美术馆

时间：2023年11月3日
年级：高一、高二年级
地点：浦东美术馆
主题：与名作零距离，感受艺术之美

香山中学美育实践综合课程是一门为中学生设计的艺术教育课程，致力于发展学生的艺术鉴赏能力、审美感受力以及创造力。在课程中，学生们有机会参观美术馆、画廊和艺术展览，与知名艺术家进行互动交流。这些实地参观与互动活动不仅为学生提供了与艺术品亲密接触的机会，还能够拓宽学生的艺术视野，激发他们对艺术的兴趣与热爱。

11月3日下午，香山中学美育实践课油画和水彩班的同学们怀着激动的心情来到浦东美术馆，开始了一场沉浸式的课堂体验。这次参观美术馆的目的是将课程教学内容可视化，近距离地感受世界各地艺术家们的作品。通过观察、聆听、记录等方式，欣赏名画名作，接近大师们的创作思想。

在参观之前，美术教师们为同学们详细讲解了本次画展的各个部分。通过结合课堂上学习的绘画技法和艺术理论知识，揭示了每幅作品背后的创作

理念和艺术语言。同学们对这些名画名作充满
了好奇和期待，渴望通过这次参观进一步提升
自己的艺术素养和观察力。

　　本次画展包括："曾梵志：过往与此
刻""六百年之巨匠""镜头·时代·人""引
力剧场"四大主题的展厅。

　　在美术教师们的带领下，同学们安静有序地参观学习。其中，展览
"六百年之巨匠"集合了70幅来自拉斐尔、鲁本斯、马奈、凡·高、康定斯
基、夏加尔、欧姬芙、怀斯等近70位国内观众熟知的欧美艺术大师的真迹画
作。八大主题空间仿佛呈现出一卷"浓缩的西方绘画变迁史"。同学们仔细
地观察每幅画作的线条、色彩和构图，试图捕捉艺术家的创作灵感和意图。

　　而"曾梵志：过往与此刻"是浦东美术馆所举办的第四场以单人艺术家

为中心的大型展览，同时也是自开馆以来首个聚焦
于当代油画作品的展览项目。展览精选出艺术家在
过去35年间所创作的60余幅代表作，构成相互关联
又各自独立的四个单元。为了更好地理解和表达对
作品的感受，同学们还拿出自己携带的素描本和绘
图用具，记录下每一个感动和受到启发的瞬间。

　　通过美育校本课，同学们已经具备了油画和水彩的基本素养，学习了油画
和水彩两种不同的绘画技巧。这两种绘画方式各有特点，在这次参观画展活动
上，同学们看到这两种绘画方式的不同效果，也可以借此机会交流和学习。

　　我们希望通过将美术馆与中学美术教育相结合，为他们提供更多参观和
学习艺术的机会。美术馆作为一个艺术展示和教育的场所，提供了身临其境
的艺术体验空间。

　　"馆校共建"的美育实践综合课程不同于传统的课堂教学模式，能充分
吸收作品中的结构布局、肌理表现、光影明暗等特点。让同学们沉浸在艺术
的氛围中，也给予了他们许多艺术创作新的启迪。展望未来，校馆合作可更
充分地发挥美术馆在艺术课程中的辅助作用，实现学校、馆所的资源互补，
共同促进校馆共建的长效发展。

案例五

社区美育实践活动
最美社区墙焕彩墙绘活动

时间：2024年1月20日
年级：高一、高二年级
地点：浦兴街道社区
主题：**画笔描绘青春　色彩美化社区**

香山中学师生受邀前往浦兴街道参与东三小区美丽家园之最美社区墙焕彩墙绘活动，学生们用手中的画笔在墙上留下鲜艳的色彩，绘出青春的光芒，留下奉献的印记，用自己的才艺服务社区、回馈社会，用自己的善意和真诚给予大家温暖，让社区更有温度、更加美丽，也体现了我校"敬贤、尚美、乐学、笃行"育人目标的真正内涵。

在"校社"联动的多次沟通后，由我校专业美术教师根据东三小区的具体情况，为小区的泵房、配电房、大车棚和阳光之家等处的墙面和外立面，精心设计一系列群众喜闻乐见、富有生活气息的墙绘作品。墙绘活动由8位美术专业教师带队，100多名学生参与进行现场墙面彩绘创作，绘画面积达到467.6平方米。

△学生墙绘现场

学生们投入墙绘的创作中，他们手中的画笔在墙壁上舞动，绘制出一幅幅精美的图案。这个过程需要技巧和耐心，学生们运用生活中的测量技巧，精准地定位每一个细节；运用木工活中的拉线技巧，使线条流畅、整洁。在涂底色的环节，学生们需要选择合适的颜色，使整个画面协调统一。同学们运用自己的审美观和创意，将各种颜色巧妙地搭配在一起，创造出令人惊叹的视觉效果。

在这个过程中，他们不仅复习了色彩搭配的技巧，还学会了如何将其他学科的知识与墙绘相结合。学生们通过自己的双手，将美妙的图案呈现在墙壁上。这些作品不仅展示了他们的才华和技能，还传达了他们对美的追求和对生活的热爱。

学生感悟

这是我们第一次参加这种走进社区的墙绘活动，在初步设计的时候，我们认为社区的形象是非常阳光积极向上的，所以，我们采用了高饱和度的颜色，来完成作品，选材大多是贴近生活的水果等，还有与中国传统文化相结合的二十四节气和列车。非常感谢学校和社区能给我们这次机会，让我们把学校的美育课程带进社区，把我们的美术课程与社会实践相结合，有了不一样的体验。我们也在活动中体会到了团队协作的精神，让我们更具凝聚力。

——高二（3）班 杨承阅

"纸上得来终觉浅，绝知此事要躬行"。同学们平时在校园内学习的知识只有真正运用在生活中才能体现它的意义，墙绘活动在服务于他人的同时，更提高了同学们对绘画的实际运用认识，实现了自身价值。

此次"校社"联动，为社区美化生活环境，开展的墙画活动意义非凡，是香山中学特色办学的美育课程向社会延伸的一种体现，教师带领同学施展自己的专业特长，在墙画过程中感受了劳动教育，提升了团队合作的意识。未来我校将持续开展最美社区墙焕彩活动与社区搭建青少年实践平台，让同学们以实际行动加入社会这个美育大家庭当中来。

案例六

第九届校园文化艺术节美育论坛

> 时间：2023年12月22日
> 年级：高一、高二年级
> 地点：学校四楼小剧场
> **主题：践行美育的多种方式**

上海市香山中学围绕第九届校园文化艺术节开展了面向高一、高二年级的学生美育论坛。整个论坛都是由美术组叶秋杨老师策划和主持。

此次活动是校外美育专家引领，校内语文、美术学科融合的一个美育践行论坛。活动邀请了美育专家、正高级教师、特级教师、原上海市美术名师培养基地主持人瞿剑宛老师，同时还邀请了我校美术和语文两个学科组的教

△论坛专家、老师合影

△乡村美术馆

师代表参加论坛，大家就践行美育的各种方式为题展开讨论。

首先，瞿老师介绍了集"展示—培训—传播"于一体的乡村美术馆，从开展的各类公益活动介绍，展示当下时代大美育的背景下，如何扎根土地，承担公共美育传播的职责以及对美育教学的热爱。

瞿老师从"艺术服务大众，把握时代脉络"这一观点展开，介绍了美术馆陈列的瞿老师父子兄弟三人的各类艺术创作，如速写小稿、连环画书籍、粉画宣传画创作、写意人物作品，以及扇面、陶瓷等各类媒介的艺术实践，开阔学生们的艺术视野。

紧接着香山中学语文教研组组长陶欣怡老师介绍了我校高中三年的语文学科与美育融合创新的实践活动，如诗歌朗诵、戏剧表演和文本插图创作等。陶老师认为语文学科教学在与视觉艺术相结合的过程中极其容易激发学生的才情，这本身也是美育的过程。同时也分享了近期读大师心得交流会中的精彩作品。

△论坛现场

△题画诗集

△论坛现场座无虚席

语文高级教师黄长德老师从个人题画诗的研究出发，论述了诗画同源这一观点，在画中提炼把握主题，用诗歌语言进行拓展。在概述题画诗的写作要点中，深入浅出，也让学生们感受到了题画诗的魅力。

美术高级教师、教师发展中心副主任宋海军老师分享了最近的创作动态，从构思、草图、作画过程，乃至作品怎么取名，都做了详尽的阐述。强调专业教师用画笔讲好时代精神，在课内课外都潜移默化地影响学生，身正为范。

特色发展中心副主任、美术教师朱彦炜老师认为香山的美育是多维度的，在当下美术改革的潮流下，美术学科也当适应时代发展，感受时代脉搏，打破学科壁垒，鼓励学生多尝试、多创新、多实践。

殊途同归，万法归一。论坛上，专家和教师们热烈交流、观点激荡，不断碰撞出思想的火花。香山中学将继续践行"以美立校　立美育人"的办学理念，在跨学科美育融合的道路上不断探索。在热烈的掌声中，香山中学第九届艺术节美育讲座和论坛系列活动也成功落下了帷幕！

结语

美术教师应当积极参与学校活动的策划与实施。学校活动是学生展示自我、锻炼能力的重要平台，也是校园文化建设的重要组成部分。美术教师可以通过策划艺术展览、指导学生参与文艺演出等方式，将美术教学与学校活动紧密结合，使学生在实践中提升艺术素养，同时增强对学校的归属感和荣誉感。此外，美术教师还可以利用自身的专业优势，为学校活动提供视觉设计、场地布置等方面的支持，从而提升活动的整体效果。

美术教师在共融的过程中还须关注学生的个性化需求。每个学生都有自己独特的艺术天赋和审美偏好，美术教师应当尊重并关注学生的这些差异，因材施教，为学生提供个性化的指导。同时，在学校活动的策划中，也应充分考虑学生的兴趣和需求，设计多样化的活动形式和内容，让学生在参与的过程中感受到乐趣和成就。

因此，我们应当充分认识到美术教师在学校内涵建设中的重要作用，为他们提供更多的支持和平台，让艺术的魅力在校园中绽放更加璀璨的光芒。

上海市香山中学概况及相关荣誉

一、学校概况

上海市香山中学始建于1995年，是一所普通完中。2010年6月被命名为浦东新区实验性示范性高中；2021年被命名为"上海市特色普通高中"。学校曾获上海市文明校园（单位）、上海市安全文明校园、上海市花园单位、上海市绿色学校等多项荣誉称号。

2023年9月开始实行分校区管理，目前有行政班级初、高中共32个，学生1109人，教职工128人，现有区学科带头人1名，区骨干教师2名，高级教师15人，区兼职教研员2人；博士研究生学历1人、硕士研究生学历53人。学校教学质量过硬，高考升学率持续保持高位。

香山中学以"五育并举"为根本，坚持"以美立校，立美育人"的办学理念，加快推进美育特色办学实践工作，不断提升特色育人品质。围绕"敬贤 尚美 乐学 笃行"的育人目标，着重打造跨学科融创课程，培养学生感受美和鉴赏美的能力，助力学生实现多元成长。

二、美术特色中心发展概况

美术中心成立于1995年建校初期，学校根据当时的生源情况，为了尽快确立学校的社会知名度，根据"错位发展"的原则，试图通过"以美术抓应试"，培养美术特长学生，打开一条学生升学的"捷径"。

在学校发展的29里，美术中心始终坚持美术特色不动摇，取得很大的成效——"进香山、学美术、考好大学"的口碑就是通过那些年的努力而形成的。随着时代发展，美术中心也完成了从"美之术"到"美之韵"再到"美之魂"的三级蜕变。

"美之术"

香山中学拥有一支稳定的高素质的美术师资队伍，注重美术学科建设，教学上以不影响学生的文化课学习为原则，根据学生休息时间制定安排教学，分课堂教学、课外社团、个别重点指导等多种教学模式，针对不同的学生因材施教、循序渐进合理安排。以坚实可靠的学术能力为学生艺考之路保驾护航。

"美之韵"

美术教育，不应该仅仅是"术"的教育，对学生实施"美"的教育更有意义和价值。学校立足"立美教育"的理念，充分挖掘和开拓大艺术课程，着力"提升学生审美和人文素养"的新目标。学校多年来坚持开展写生拓展课，与学生一同在生活和自然中寻找美，感知美，用艺术之美对自然之美提炼和升华，培养学生热爱生活、热爱艺术的情操。

"美之魂"

美术教育引导人们在艺术实践中认识美、发现美、创造美、追求美，这些意识和实践都离不开美学思维。我校建立特色教育体系，彰显大美育观，与社会上的美育公共系统如美术馆、博物馆、美术学院等对接，加强美育的渗透与融合，以美养德、以美启智、以美健体，全面推进综合素质教育，引领香山人向着更高阶迈进。

"美之创"

在科技迅猛发展，人工智能、AI技术正在迭代传统绘画技艺的当下，学校站在了新的起点，创建了3D打印专用教室、数字学习中心、人工智能专用教室以及引进同济大学AI智能创新课程，并组建了科艺融合特色教师群体，正以崭新的姿态朝着"美之创"探索前行。

三、学校获得的部分荣誉

附录二

作者个人部分活动掠影

参会中与尹少淳先生交流并合影

罗尔纯先生亲临并指导

油画作品在国家画院展出时受到靳尚谊先生驻足指导

与靳尚谊先生交流

廖炯模先生为我颁发作品获奖证书

与赵牧教授一起在浦东美协会员代表大会上合影

参加上海市美术教师基本功大赛模拟教学

在海峡两岸教学研讨会上的交流

区级公开教学展示课（1）

区级公开教学展示课（2）

与瞿剑宛导师一起造访徐军老师名师工作室

造访徐军老师名师工作室与其及夫人合影

在美术教师画展上与张家素、瞿剑宛、李林祥合影

作品被上海市教研室收藏

在上海市美术教师研修基地与教师们交流

造访张复利老师工作室交流学习

在鲁迅美术学院造访学习

参加上海市青年文代会（1）

参加上海市青年文代会（2）

写生现场

参加上海市美协举办的油画高研班

油画创作中

写生学习中

油画作品入选十二届上海美术大展

参考书目

1.中华人民共和国教育部制订：《普通高中美术课程标准》（2017年版 2020年修订），人民教育出版社，2020年。

2.钱初熹：《美术教育理论与方法》，高等教育出版社，2005年。

3.瞿剑宛：《艺海泛舟》，教育科学出版社，2008年。

4.张家素主编：《追求卓越的美术教育生涯》，上海三联书店出版社，2008年。

5.朱健朴：《建构与演变—美术校本课程的实践研究》，华东师范大学出版社，2015年。

6.王大根：《核心素养导向的美术大单元教学设计案例集》，南京师范大学出版社，2023年。

7.詹蓉编著：《跨学科融合的公共美育课》，湖南美术出版社，2023年。

8.威尔·贡培兹：《像艺术家一样思考》，艾欣译，湖南美术出版社，2019年。

后 记

　　我是一名普通的一线美术教育工作者。

　　我紧握画笔，不忘初心，始终在追求艺术家型美术教师的路上探索与前行。

　　1982年，我出生于皖南的黄山市徽州区，大家都知道这个地方自古多出文人墨客、状元达官，当然闻名于世的徽商也发祥于此，大画家就更多了，其远不说"扬州八怪"之一的罗聘，就近代山水画大师黄宾虹、汪采白等离我家不到五里地的距离，也许就是因为在先辈光环的影响下，或者说是古徽州文化的熏陶下，又或者说每逢过年都习惯了在家徒四壁的墙上张贴一幅自己的画作，来增添一些节日气氛，让我从小就喜欢书画、文学。说实话，家家户户都挂着的书画楹联，老街上到处可见的文房四宝，让我耳濡目染；正所谓一方水土养一方人啊，我就这样一心选择了美术学专业。

　　在完成大一基础课学习后，大二就开始细化专业以工作室制学习，我选择了油画专业，正因为热爱所以追求，正因为追求所以专业，后期三年的油画专业学习让我掌握了除从小就习得国画基础技艺外的又一表现形式，更加丰富了我的专业画笔能力。

　　我是2005年大学毕业经人才引进来到了南汇，任教于上海工商外国语学院附中。南汇便是我成长的第二故乡。也在此我有幸遇到了引领我成长的师父——瞿剑宛导师。从如何上好一节美术课开始到如何成为一名有特色的艺术家型美术教师，我是一路寻源问道、不断探索，后来从张家素老师处得到"三支笔"（即一支"画笔"彰显美术专业特色、一支"粉笔"聚焦美术教育阵地、一支"钢笔"强化美术教育研究），从瞿老师处得到第"四支笔"（即一支"心笔"坚守育人初心、践行教育真爱责任），又从徐韧刚老师处得到第"五支笔"（即一支"芯笔"探索数字美术、创新美育未来）。

在不断的求索中，也取得了一些成绩，如在美术创作中油画作品纷纷入展市、区、国家级展览；在美术教学中个人获得教师基本功大赛区级单项及全能的一等奖、市级二等奖；在教科研方面也有个人独立的市级课题以及多篇论文公开发表于市、区、国家级期刊；在育人方面更是培养了累计达近六百名美术专业高考生顺利考入大学，其中不乏985、211和美院。在课程开发方面，单独编写我校校本教材，并参与数字画速写校本课程的开发。2021年，我被聘为上海市浦东新区美术学科带头人，2022年被聘为浦东新区美术学科兼职教研员。

时间过得很快，不知不觉间已从教近20年，真可谓"天波易谢，寸暑难留"啊，始终不忘作为一名美术教育工作者的初心，总想着写一些东西来鞭策自己，于是在前辈们的鼓励下，就萌生了创作此书的想法，与其说是专著还不如说是个人从教偶得与体会。

2018年我正式调入上海市香山中学工作，在此，要感谢一直关心我成长的上海市香山中学校长、书记及各部门领导；感谢引领我发展的瞿剑宛、赵牧、徐韧刚、张家素等导师；感谢给予我创作指导的刘毅、丁设、沈雪江、张复利、殷雄、李前、徐立铨、金祥龙、王中一、唐倩、许丙屯等画家；还要感谢帮助我出版该书的文汇出版社文化教育编辑部主任张涛老师，以及香山中学各教研组长及特色发展中心的老师们。

此书的出版，由于时间紧，经验不足，旨在与大家进行广泛交流，希望各位多多批评指正，让我获得更多的反思信息，不断调整成为艺术家型美术教师的策略，进一步提升专业内涵，以身示范，言传身教，促进学校美育特色内涵建设，实现"以美育人、立德树人"的根本育人目标。谢谢！

宋海军
2024年3月19日
于上海浦东

图书在版编目（CIP）数据

探索与前行：在追求艺术家型美术教师的路上 / 宋
海军著. — 上海：文汇出版社，2024.5
ISBN 978-7-5496-4259-5

Ⅰ.①探… Ⅱ.①宋… Ⅲ.①美术课—教学研究—高
中 Ⅳ.①G633.955.2

中国国家版本馆CIP数据核字（2024）第097361号

探索与前行

—— 在追求艺术家型美术教师的路上

作　　者 / 宋海军
责任编辑 / 张　涛
封面装帧 / 李雪萌

出 版 人 / 周伯军
出版发行 / W 文匯出版社
　　　　　　上海市威海路755号　（邮政编码：200041）
经　　销 / 全国新华书店
排　　版 / 杭州六艺教育图书有限公司
印刷装订 / 上海颛辉印刷厂有限公司

版　　次 / 2024年5月第1版
印　　次 / 2024年5月第1次印刷
开　　本 / 720×1000　1/16
字　　数 / 170千
印　　张 / 11

ISBN 978-7-5496-4259-5

定　　价 / 88.00元